IGNACIO AGUSTÍ: EL AUTOR Y LA OBRA

Interpretación y realismo de **Guerra civil**

Wenceslao Miranda
Portland State University

UNIVERSITY
PRESS OF
AMERICA

A MARY Y MICHELE

Deseo expresar mi agradecimiento a Dña. Teresa Agustí de Casanova, hermana del escritor aquí estudiado, ya que ella fue quien por primera vez me dio noticia de las novelas de su hermano e hizo que el propio Ignacio Agustí me enviase un primoroso ejemplar de cada una de sus novelas a mí dedicadas con gran amabilidad. Fue por consiguiente la amiga Teresa quien indirectamente inspiró estas páginas.

Igualmente agradezco a Dña. Catalina Ballester, viuda de Agustí, el permiso que me otorgó para las numerosas citas que de las obras de su finado esposo tuve necesariamente que hacer.

Doy gracias igualmente a mi colega Dr. Victor Dahl del departamento de Historia y gran aficionado a los estudios hispánicos, por haber leído el manuscrito y aportar el prólogo que sigue.

Finalmente agradezco a varios colegas de diversas universidades y amigos, entre ellos algunos médicos y a la vez hispanistas, por haberme prometido leer el libro, una vez publicado, y escribir algún comentario objetivo del mismo.

* * *

ÍNDICE

INTRODUCTION

Over the centuries, the Spanish people have been swept along with the ebb and flow of their country's fortunes. Generations of Spaniards participated in a spectacular historical experience wherein former feudal kingdoms came together to build a great world empire which then receded to take shape as a peninsular nation perennially beset by internecine struggles. The ordeal of a brutal civil war in the 1930's gave way to a period of hunger, privation, and relentless authoritarianism as Spaniards from all walks of life struggled to reconstruct their prostrate country. Self-inflicted misery was further aggravated in the decade after 1945 when victors of the war against German and Italian fascism sought to isolate Spain as an international pariah. Of necessity, therefore, the burden of Spanish postwar recovery had to be shouldered without help from abroad.

The ensuing years brought forth profound changes as Spaniards regenerated the national economy and gradually moved toward a social integration that eventually installed a working democracy which exceeded the most hopeful expectations. That this could have occurred so quickly is certainly a testimonial to demostrated strengths in the Spanish national character. Indeed, Spaniards seemed to be under no illusions about their problems and attacked them with dauntless resolution.

Ignacio Agustí is an author in the tradition of Cervantes and García Lorca who has recaptured the tragedy and suffering of a people whose history has compelled them to endure and persevere in the face of change and adversity. A first hand observer of war's spiritual and physical devastation, Agustí has produced an insightful literary analysis of an experience that could only be appreciated through personal immersion in war and suffering. In a sensitive response to a world that at once repelled and fascinated him, he has seized and retained the reader's attention through his novels' protagonists who emerge as fully believable living characters. His works have given witness and testimony to hard times but offer a sense of hope based upon the popular will to survive.

With the passage of time, and as Agustí's works attract wider attention, further tests will be applied to validate his perspective. In any event, there can be little doubt that this portrayal of Spain - as seen through the lives and actions of his characters - honestly reflects conditions and events about which he wrote. His characterizations do not in any way appear to be contrivances, perhaps because he wrote for an audience that had shared those experiences. It is a non-judgemental but realistic expressions of an author's concern to explain his era, nothing more or less admirable than that.

No one who reads Agustí's novels in anticipation of a meaningful depiction of Spain's civil war travail will be disappointed.

Victor C. Dahl
Professor of History
Portland State University
December 1981.

PRÓLOGO DEL AUTOR

Dos motivos me compelen a dedicar este ensayo a Ignacio Agustí y a su obra. El primero lo constituye el hecho de que Agustí es uno de los muy contados novelistas que lograron éxitos publicitarios arrolladores a los pocos años de terminada la guerra civil española (1936-39), éxito que se extiende hasta nuestros días.

Sus obras completas en cinco volúmenes, incluyendo su libro póstumo, cayeron en mis manos por casualidad y un poco tarde si se tiene en cuenta la fecha de aparición de los primeros títulos de 1944 y 1945. Los leí todos de un tirón y me agradaron mucho. Pronto me di cuenta de que se trataba de un gran escritor bastante emparentado, por su estilo y arte de novelar, con los tres grandes, es a saber, Balzac, Tolstoy y Galdós.

Luego quise saber la suerte que corrieron estas piezas y cómo las recibió el público. Me sentía pronto a recriminar la ignorancia y el mal gusto de nuestros tiempos, por lo que a novela se refiere, como forma de revelarme contra el desaire que se le pudiera haber hecho a tales obras, cuando descubro que el público español e hispanoamericano dispensó la más cálida acogida a las novelas de Agustí, como lo justifican los datos que luego doy y los comentarios críticos a que me remito. Se trata, pues, a todas luces de un gran novelista llamado a hacer época y uno de los contados que la postguerra produjo. Y al llegar a este punto tuve que recriminarme a mi mismo por los años que ignoré, inexcusablemente, tal autor y tales obras.

El segundo motivo se basa en que, a pesar de ser muy leído y elogiado por público e intelectuales, ningún crítico se ha parado a hacer un estudio de su obra, ni total ni parcial, al menos del que yo tenga conocimiento y conste que he tratato de tener tal conocimiento. Lo único que hallé en mi búsqueda, la cual incluye consultas con la familia del finado autor, fueron referencias pasajeras o, a lo más, reseñas breves en estudios generales sobre la novela española actual o en las historias de la literatura más recientes. Todos estos párrafos, casi unánimemente elogiosos, arrojan un poco de luz sobre cómo orientar un estudio sobre estas novelas.

Entre los libros consultados, probablemente sea el más valioso, a pesar de la corta extensión que a Agustí

dedica, la obra de Sobejano La novela española de nuestro tiempo[1], que se destaca, como otras obras suyas,
por la objetividad, orden y claridad.

Las dos razones apuntadas creo que bien justifican estas páginas por cortas e incompletas que sean.
Al menos si alguien advierte defectos en este ensayo,
mis deficiencias deberán estimularle para tomar la pluma y enderezar mis líneas y así, entre él como crítico
y yo como instigador, llenaremos un vacio sensible en
la crítica de la novela española contemporánea de la
postguerra.

Portland, junio de 1980.

---

1 Edit. Prensa Española, Madrid. Segunda edición,
1975. Esta obra fue premiada con el Premio Nacional
de Literatura "Emilia Pardo Bazán", 1971.

PRIMERA PARTE

IGNACIO AGUSTÍ: EL AUTOR Y LA OBRA

1

En la primavera de 1974 apareció Ganas de hablar[1], obra póstuma de Ignacio Agustí, quien había dejado de existir sólo unos meses antes, el 26 de febrero. Este libro es una mezcla atrayente y curiosa de muchas cosas... evocaciones autobiográficas sueltas, diario ilustrado sin obedecer a ningún orden cronológico, retazos de la Historia de España de los últimos 50 años, desfile de personalidades literarias, artísticas y políticas que han tropezado en sus vidas con la del escritor y con él han trabado amistad y, por fin, especie de Roots en que recrea la memoria de sus antepasados, desde los bisabuelos hasta su generación.

Dos cualidades distinguen este respetable volumen de Agustí: la amenidad típica de la prosa viva, dinámica y efectiva, de quien posee el doble arte de saber decir las cosas y escoger el lado interesante de los temas, y en segundo lugar, la profusión de fotografías históricas y dibujos que lo ilustran. Recoge en la primera página, a manera de lema, la frase de Novalis "Las mayores verdades se dicen cuando uno habla por hablar", y hablar por hablar, contar viejas historias de familia y hechos de su vida según van saliendo, sin esforzar la imaginación; rememorar sucesos y personajes de sus días pasados, según los suministra la memoria; recrear la historia nacional y europea... es lo que se ha propuesto Ignacio Agustí. A través de estas páginas van desfilando detalles curiosos e inéditos, anécdotas íntimas y convivencias con Dalí, García Lorca, Eugenio d'Ors, Narciso Yepes, Laín Entralgo, Fernández Almagro, Picaso, Vicente Aleixandre y otros muchos con quienes le unía una sólida amistad. Muchas de estas vivencias quedan, no sólo reseñadas con la pluma, sino también, como apuntamos antes, autenticadas con fotos y dibujos.

Con frecuencia la narración de un retazo íntimo de su vida reviste el carácter de candorosa confesión. Buen ejemplo de ello lo constituye lo que acotamos a continuación, relacionado con las andanzas de juventud en compañía del pintor Grau Sala:

> Mi amistad con Grau Sala era íntima. A poco de publicar yo "El Veler" -mayo de 1932- le había conocido personalmente en la tertulia del Hotel Colón. Nuestra

---

1 Editorial Planeta. Barcelona, 1974.

amistad fue inmediata. Durante el día trabajábamos los dos en nuestros asuntos. El pintaba, yo escribía. Pero las noches eran nuestras. Aquel verano pasamos parte de ellas en los cafés cantantes del Paralelo. Eran bonancibles, frescas veladas del Teatro Apolo con aquellas cupletistas de un erotismo ingenuo y delirante: "Yo soy flor de cabaret -y mi carne es de pasión..." Cuando entró el otoño, no sé como, hicimos amistad con la dueña de una casa de trato de la calle de la Unión, Ca la Mercedes. Caíamos allí a medianoche y la frecuentábamos hasta la madrugada. Jugábamos un poco a ser "enfants terribles" de la vida de corrupción, arrastrados por la literatura de Francis Carco, que estaba en boga en aquella época. A aquellas odaliscas les recitábamos en francés versos de "Les fleurs du mal" de Baudelaire y ellas, que no entendían una palabra, nos escuchaban extasiadas. Yo no tenía aún veinte años, Emilio los alcanzaba por muy poco. Aparte de esta vertiente declamatoria, nuestra función consistía en aquella casa en jugar al parchís con las pupilas de la señora Mercedes. A veces ésta nos obsequiaba a todos con un chocolate que se jactaba de preparar como nadie. Pero cuando había mucho personal -según decía ella- nos trasladábamos a las habitaciones de la dueña. Nos llamaba "els nens". Creo que Grau Sala llegó a decorar el dosel de una cama de aquella casa de perdición, que no sé a que siniestro infierno habrá ido a parar.[2]

Igualmente quedan consignados e ilustrados con fotos, datos de la Falange Española, entrevistas de Hitler y Franco, detalles de ambas guerras, la de España y la mundial, de su estancia en Suiza y sus viajes por Europa, especialmente por Alemania. Dice:

Creo que fui uno de los primeros obser-

---

2 Ibidem, p. 119.

vadores españoles que pudo recorrer la
Alemania Occidental y entrar, además,
en el Berlín oriental.[3]

A pesar de las reseñas de las guerras dichas y de
los nombres de políticos y militares que trae a colación
no es político ni adopta una postura partidista, aunque
forzado por las circunstancias, se ve enrolado en las
banderas de Franco, a quien, sin propaganda, considera
más digno que a los del partido contrario: "Veniamos de
hacer la guerra del lado de Franco porque así lo habíamos creído justo...", dice.

Ignacio Agustí es catalán de pura cepa, nacido en
Llissá de Vall, provincia de Barcelona, en 1913. Procede de una familia multifacética, trabajadora y adine-
rada, entre cuyos antepasados se encuentran hombres de
empresa, educadores, abogados, emigrantes que han hecho
fortuna en América y románticos. Un ejemplo típico es
su abuelo materno Juan Bautista Perera, mencionado en
la enciclopedia Espasa por haberse destacado en la ex-
plotación de minas y en empresas ferroviarias. De él
dice Ignacio:

> ... mi bisabuelo Perera, era un hombre de
> los que en aquel tiempo no abundaban ni
> en lo bueno ni en lo menos bueno... El
> señor Perera -don Juan Bautista- en uno
> de sus viajes conoció a una señorita
> -cuyo nombre se ha llevado el viento-
> y se fue a vivir con ella, dejando a doña
> Amalia en situación desairada. Los hijos
> -sobre todo la hija- no le perdonaron nunca
> a su padre ese desaguisado familiar.[4]

Se educó en los escolapios primero y luego en los
jesuitas. En la universidad estudió la carrera de derecho, profesión que no ejerció. Participó en cambio,
desde sus días de estudiante, en el periodismo y durante los años de la contienda nacional (1936-39), a pesar
del fragor de la guerra y de su calidad de combatiente,
pudo fundar el semanario "Destino". En 1942 se trasla-
da a Suiza en calidad de corresponsal de "La Vanguardia"
y al terminar el azote de la guerra recorre como perio-
dista algunos de los países más castigados por la inmen-

---

3 Ibidem, p. 275.
4 Ibidem, p. 418.

sa tragedia, como hemos mencionado anteriormente.

En los años que siguen y hasta el final de sus
días dedica sus energías a una incansable actividad literaria y de empresas, de una manera o de otra, relacionadas con la pluma. Fue librero y editor, fundó el premio literario Nadal en 1944; corresponsal y orientador
de revistas, director del periódico "El Español", y ga-
lardonado varias veces con premios nacionales, como el
de periodismo Francisco Franco en 1940, el de Mariano
de Cavia en 1955, el nacional de Literatura, el de Crítica y el de Ciudad de Barcelona en 1967.

En el campo literario, independientemente del periodismo, es autor, además de la mencionada obra póstuma Ganas de hablar, del ciclo de novelas "La ceniza fue
árbol", que comprende los siguientes títulos: Mariona
Rebull (1944), El viudo Rius (1945), Desiderio (1957),
19 de julio (1965) y Guerra Civil (1972).

La aparición de la primera de las citadas novelas,
Mariona Rebull, señaló un éxito sin precedentes en la
novelística española moderna e hizo abrigar la idea de
que un nuevo novelista a lo Galdós, había surgido. Para seguir las huellas de esta producción desde su géne-
sis, nos remitimos de nuevo a Ganas de hablar, donde el
autor nos dice:

> Tardé aún unos meses en publicar Mariona
> Rebull. En la colección Ancora y Delfín
> a que fue destinada, no se creía dema-
> siado en los libros españoles. La ver-
> dad es que en los libros españoles no
> se creía en ningún sitio. Baroja era
> un autor de unos dos o tres mil ejempla-
> res de salida. Azorín ni eso. Tal vez
> sólo Fernández Flores hubiera vendido
> algo más de cinco mil ejemplares a la
> salida de algunas de sus obras. La tira-
> da normal de la primera edición de una
> novela era de dos mil a tres mil ejem-
> plares. De mi Mariona Rebull acordamos
> hacer dos mil quinientos ejemplares. La
> única propaganda previa que se hizo a la
> obra fue la reproducción del capítulo de
> la bomba del Liceo en un par de páginas
> del número de Destino inmediatamente an-
> terior a la aparición del libro. La in-
> serción del capítulo iba acompañada de

una reproducción del conocido cuadro de
Julio Borrel.

El efecto fue fulminante. A los ocho
días la gente iba por las librerías
buscando, sin encontrarlos, ejemplares
del libro. A la semana siguiente hubo
que hacer una segunda edición, ésta ya
de cinco mil ejemplares. Luego otra y
otras.[5]

Ahora sabemos que ya por 1969 se habían vendido
más de 90,000 ejemplares correspondientes a varias ediciones. La copia que tengo aquí en mi escritorio, que
el propio Agustí tuvo la amabilidad de dedicarme juntamente con todas sus otras novelas, es la edición décimo-
quinta de febrero de 1973, lo cual quiere decir que las
ediciones se han sucedido sin interrupción.

Al percatarse de la fama de la novela, José Luís
Sáenz de Heredia filma la película de Mariona, de la
que más tarde Radio y Televisión Española hará otra
versión que llegará a los receptores de la mayoría de
los hogares españoles. Entretanto el autor es amplia-
mente agasajado en los círculos literarios. Algún crítico de solera como Azorín, rompe el silencio para en-
comiar esta nueva novela. El artículo de crítica de
este último, publicado en agosto de 1944, al evaluar
la obra, dice abiertamente del autor: "Al fin tenemos
un novelista: Ignacio Agustí..." y luego en el análisis
más detallado de la novela agustiniana, encontramos
frases de encomio como ésta referente al pasaje mencionado en la cita anterior en que se describe la explosión de la bomba en el Liceo y la muerte de la protagonista, Mariona, abrazada a su amante:

El cuadro que el novelista describe, está
descrito magistralmente. Puede parango-
narse con las descripciones de los grandes
maestros de la novela moderna. Quien ha
sabido describir estas escenas de espanto,
es sencillamente un gran escritor.[6]

Éxito parecido le cupo a El viudo Rius, aparecida

---

5 Ibidem, p. 155.
6 Ibidem, p. 160

al año siguiente. También esta novela mereció que
Sáenz de Heredia se encargase de la versión cinemato-
gráfica como lo hizo con la anterior. Sigue a esta publicación un lapso de 12 años de silencio literario
por parte del autor hasta que en 1957 aparece Desiderio
y luego las dos últimas novelas en años posteriores.
También estas últimas producciones gozan del favor del
público, si bien es verdad que ninguna alcanzó el éxito de las dos primeras por motivos perfectamente normales. El año de 1944, el de Mariona Rebull, la producción literaria de una España desangrada en larga contienda, era muy escasa. La novela como otros géneros literarios, por educativa y seductora que sea y de cualquier hechura concebible, es producto de una sociedad
holgada y su finalidad principal es llenar las horas de
ocio. Dice a este respecto el premio nobel de literatura, Isaac Singer: "Novels have never been a major
force in society. They are actually a way of entertai-
ning people."[7] Y si esto es verdad, aquel pueblo español de entonces sabía poco de ocio. Había pocos que
pudieran dedicarse a escribir y menos aún que tuviesen
éxito.

Podemos perfilar en breve cuadro la triste realidad de entonces: España, dejada por sí sola como barco abandonado, iba recuperándose, pero muy lentamente.
Casi no había familia que no tuviese luto. Los pueblos
de muchas comarcas quedaron arrasados. Las cárceles
eran incapaces de contener a tanto preso. Los huídos,
exilados en países extranjeros y desaparecidos eran in-
numerables. Había muchos desempleados, escaseaban los
comestibles y los artículos de primera necesidad. Había que hacer cola en todas partes para obtener la ra-
ción de unos gramos de pan, amasado Dios sabe con que
extraños ingredientes, o una lágrima de aceite, jabón,
tabaco... muchas otras cosas. Desertores y bandoleros
refugiados en las montañas hacían por las noches incur-
siones a los poblados para robar, vengarse matando y
sembrar el pánico. Las represalias iban a seguir por
mucho tiempo. El fantasma tétrico de la guerra seguía
presidiendo la vida de todos los españoles.

Al otro lado de la frontera con Francia bullía el
torbellino apocalíptico de la gran guerra mundial, cuyo verdadero comienzo y ensayo de armas tuvo lugar en

---

7 Entrevista en "U.S. News & World Report", Nov. 6/78

España. Los periódicos seguían día a día el humo de las explosiones, el olor de la sangre recién derramada, el fragor de las grandes batallas, la historia de heroísmos y cobardías, de crímenes en masa, de horrorosas mutilaciones, destrucción, orfandad y miseria. Toda esta tétrica información se abigarraba en la primera página de los periódicos y fluía constantemente por meses y aún años.

Dos efectos indeseables producían estas noticias: Primero el de mantener vivo el horripilante cuadro bélico recién sufrido en la propia carne, con el balance de pérdidas espirituales y materiales. Segundo, el temor a la suerte que se correría cuando los cañones y las bombas cesasen de retumbar de la otra parte de la frontera.

Sencillamente estas no son las circunstancias adecuadas ni el clima propicio para producir literatura. Los pioneros que lograron hacerse oir en tan difíciles circunstancias lo hicieron a base de crear un arte nuevo y acrisolado capaz de despertar la atención de aquel público aturdido por la guerra y la miseria. Por otra parte supieron escoger el asunto que daba en el punto neurálgico del momento presente, la guerra, vista de una forma o de otra, en sí o en sus consecuencias; vista en lo que todos fuimos, víctimas.

Los pocos que se han destacado del 36 al 46 son: Cela con La familia de Pascual Duarte (1942), Agustí con Mariona Rebull (1944) y El viudo Rius (1945), y Carmen Laforet con Nada (1945). De éxito menos ruidoso es Javier Mariño (1943) de Torrente Ballester. Fuera de estos apenas hay nada que mencionar en España.

Entre los españoles exilados que durante esa época escribieron fuera y cuyas obras no llegaron a conocerse en la península, por razones obvias, hasta estos últimos años, son dignos de mención Max Aub con Campo cerrado (1943) y Campo de sangre (1945), algunos títulos de Ramón Sender y La fiel infantería de Rafael García Serrano.

Por 1957, cuando Agustí hace su reaparición con Desiderio, las cosas habían cambiado notablemente. España iba camino de su reconstrucción, la economía nacional empezaba a levantarse, las cosas iban poniéndose en orden, los viejos rencores ligeramente mitigados, el luto se había convertido en alivio. La paz se imponía y el fantasma de la guerra estaba sólo latente (todavía lo está hoy) como una pesadilla que se diluye lentamente en el tiempo. Además había nacido, arrullada con los harapos de la refriega y con la dieta impuesta por la escasez, una nueva generación de españoles que nada sabía de lo ocurrido por experiencia propia, únicamente por lo que oía a sus mayores o por las escasas lecturas que pudieron haber caído en sus manos. En el campo literario hay más competición entre los autores, obras y estilos, incluso dentro de la modesta producción nacional. Esto explica la ligera diferencia de suerte que corrieron las últimas novelas de Agustí, aunque sea prematuro y un tanto arriesgado hacer un juicio acertado a este respecto porque sus últimos títulos todavía huelen a tinta fresca.

Las cinco novelas de Agustí forman el ciclo "La ceniza fue árbol" y están por consiguiente íntimamente unidas entre sí de tal manera que cada una es continuación de la anterior, aunque también es cierto que cada una tiene vida independiente y puede leerse, entenderse y estudiarse como unidad completa en sí misma. Los cinco títulos considerados globalmente, ofrecen la perspectiva de una gran novela que estudia la evolución de la ciudad de Barcelona, desde los años 70 del siglo pasado hasta nuestros días, a través de las generaciones superpuestas de una misma familia catalana, la de Joaquín Rius, industrial trabajador, tenaz y austero, y la de su antagónica esposa, mujer romántica, entregada al lujo y los placeres de vivir la vida plenamente. Termina por serle infiel y muere trágicamente en el curso de una función de teatro abrazada a su amante, al explotar una bomba colocada por manos terroristas.

Los esposos representan dos extractos muy diferentes de la sociedad catalana de entonces. Procede él de una familia humilde cuyo padre, el viejo Joaquín Rius, se resuelve a hacerse rico y a este fin deja esposa e hijos para venir a América en busca de fortuna. En pocos años logra amasar un capital mediano y regresa a España al lado de la familia. Se establece con una tienda de telas a la que luego se une una fábrica de hilados. Esta modesta factoría prospera rápidamente hasta llegar a ser la fábrica más importante de Barcelona. Poco a poco se observa el proceso de tener que ampliar naves y oficinas, de importar nueva maquinaria de los últimos modelos, de aumentar la nómina de trabajadores. Rius es el tipo de patrón inteligente, tenaz, jefe y a la vez compañero del empleado, sacrificado y buen administrador quien poniendo en juego estas virtudes, lle-

ga a hacerse rico. Su hijo, también Joaquín Rius, re-
cuerda mejores años en la casa y puede recibir educación esmerada en los colegios particulares de la ciudad. Sin embargo ninguna carrera universitaria le llama la atención. Prefiere dedicarse a las empresas de
su padre y trabajar con tenacidad y friamente como él.

El joven Rius se casa con Mariona Rebull, hija de
un joyero y decir hija de un miembro de ese gremio significa proceder de lo más distinguido y rico de la ciudad. Nada menos que eso eran los joyeros barceloneses
de entonces. Educada en los colegios refinados de la
alta Barcelona, llega a ser una dama de gran espíritu
aunque de carácter voluble, apasionada, entregada en
cuerpo y alma a la vida social de la alta sociedad, como fruto de su cuna y la educación recibida. El amor
de los dos esposos nunca fue sincero y jamás llegaron
a entenderse porque pertenecían a dos mundos separados
además de ser ellos dos espíritus antagónicos. Termina el relato con el fin trágico que dejamos dicho.

La familia Rius aparece rodeada de sus muchos amigos, vecinos, obreros de la alta industria, clientes
nacionales y extranjeros, y de todo un mundo de capas
sociales en las que encasillan todos los ramos y facetas de la sociedad barcelonesa de entonces. Guarda en
esto, aunque todo sea en menor escala, cierta relación
con el mundo madrileño recreado por Galdós en Fortunata y Jacinta.

Los dos títulos que siguen, El viudo Rius y Desiderio, continúan el relato anterior bajo la misma es-
tructura. Desiderio es el vástago del segundo Joaquín
Rius, es decir, el representante de la tercera generación de la familia novelada. Carlos, el hijo de Desiderio, y los descendientes de éste, apenas asomándose
a la vida, son los novelados en los últimos títulos
que pasan a través del trauma de la guerra civil y llegan a nuestros días. Recordemos estos dos últimos títulos: 19 de julio y Guerra civil.

La obra mirada de conjunto, tiene mucho de histórica por lo que se refiere a la evolución de la gran
urbe, a los sucesos ocurridos en ella a través del tiem
po, a los muchos personajes reales que menciona y que
conviven con los de ficción y por el estudio de la
ideosincrasia catalana con su coeficiente de virtudes
y defectos. Es más, los mismos personajes de ficción
conservan una verosimilitud y un realismo tales que po-

demos encontrarlos con otros nombres a la vuelta de cualquier esquina de la Barcelona actual. Son verdaderos prototipos de la sociedad catalana, austera y trabajadora por una parte; romántica, refinada, derrochadora y frívola por la otra.

Valbuena Prat dice de Agustí que "cultiva la novela y el ensayo con agilidad y maestría", y luego al mencionar los títulos de sus primeras novelas, añade: "tanto en mérito como en éxito, son de lo mejor que se ha producido en estos años."[8]

Consuelo Burrel comenta: "Como novelista ha tenido gran éxito... Agustí va también a la busca del tiempo perdido, no con el análisis psicológico minucioso de Proust, sino más bien haciendo novela de costumbres de Barcelona y de su clase industrial, con una narración realista."[9]

Angel del Río, al compararlo con Juan Antonio de Zunzunegui, dice: "Lo que el vizcaino intentó hacer por Bilbao lo hizo con más finura el catalán Agustí por Barcelona, cuya vida retrata desde finales del siglo XIX -el desarrollo económico de la ciudad, la agitación política y social, la vida de placer... Sus novelas son objetivas y de lento desarrollo."[10]

A pesar de los mencionados juicios favorables y de algunos otros por el estilo, se le achaca el defecto de ceñirse a la realidad detallista, por lo que a técnica se refiere, de los novelistas del siglo pasado. Sobejano lo clasifica entre el número de novelistas de la postguerra "retrasados" en visión y técnica, aunque lo considera "de los de nivel más alto" dentro del grupo. A él atribuye alguna de las cualidades que Edwin Muir denunciaba en 1928 en lo que llama "the period novel"; es a saber, la de estudiar sólo una sociedad en su estado particular de transición y no la vida con "imaginación universalizadora". No obstante concluye Sobejano calificando el trabajo de Agustí de "honrado y consciente" dentro de estas limitaciones. "Mariona Rebull, si-

---

8 Historia de la Lit. Española, Edit. Gili, Barcelona, 1964, vol. III, p. 837.
9 En Diccionario de Lit. Española, Revista de Occidente, Madrid, 1964, p. 11.
10 Historia de la Lit. Española, Holt Rinehart Winston, New York, 1963, vol. II, p. 368.

gue diciendo, fue, por otra parte, una de las novelas más leídas por aquellos años y sirvió para crear un poco de confianza y fe en la dubitante narrativa española, junto con La familia de Pascual Duarte, de Cela, y Nada, de Carmen Laforet."[11] Más adelante el mismo crítico dedicará palabras más elogiosas a Agustí al estudiar las novelas de la guerra civil.

Dicho de paso y sin ánimo de contradecir la crítica anterior, todavía no estoy a estas alturas, plenamente convencido de que el éxito de la novela universalista moderna haya sido tan arrollador que haya oscurecido o restado interés a los retoños de la novela particularista, regionalista y preñada de detalles a la manera de los grandes maestros del siglo pasado. Buen ejemplo de ello es el interés renovado durante estos últimos años en la obra de Galdós, la buena acogida dispensada a las novelas del ciclo de la guerra de Max Aub, a las que Juan Chabás califica de "novelas históricas a lo Galdós" y finalmente, el éxito innegable cosechado por el propio Agustí. Creo que hay cabida en los gustos ambivalentes de la sociedad actual para ambas corrientes de la novelística.

Por lo que toca a la materia, dentro de la unidad apuntada en el ciclo novelesco de Agustí, es forzoso hacer una división. La historia de la ciudad de Barcelona y de sus individuos agrupados en capas sociales, representados por la familia Rius-Rebull, sus amigos, empleados, vecinos y conocidos, y los retoños de todos ellos por cuatro generaciones, a través de casi tres cuartos de siglo, en fin, la esencia de la novela, sigue infaliblemente las caprichosas peripecias del tiempo y del destino. Así, después de novelar aproximadamente unos sesenta años, desde 1870 a los años 1930, da la vida social de la ciudad y de su crecimiento y prosperidad material, en los cuales se advierte una evolución acelerada pero uniforme y perfectamente normal, las cosas van a parar aciagamente en la encrucijada de una guerra civil que hará cambiar el rumbo de los acontecimientos.

Esta guerra en efecto, pondrá fin unas veces y será otras una paréntesis muy largo a los esfuerzos, intenciones y metas de muchos. Las familias quedarán desarticuladas y disminuidas por la pérdida de algunos

---

11 Opus cit., p. 51.

miembros y la desaparición de otros. Habrá divisiones
por enemistades de carácter partidista. Muchos se ve-
rán precisados a cambiar definitivamente la orientación
de sus vidas. Algunos quedarán atrapados en el bando
contrario al de sus convicciones. Al fin la ciudad habrá que ponerla en marcha otra vez, en muchos casos, a
base de limpiar los escombros y empezar de nuevo.

Todo lo dicho fuerza al escritor comprometido en
tal empeño, a recrear la realidad dentro de un marco
de situaciones muy diferentes de las de las novelas anteriores. Hay que seguir la historia a través de escenas de guerra con descripciones de hechos bélicos y toda la amalgama de situaciones individuales complicadas,
de militancia partidista, heroismos, indiferencias, pu-
silanimidad y, en medio de todo, un tinte humorístico,
elemento siempre presente en el pueblo español aún en
madio de las grandes ecatombes.

El autor unas veces persigue y espía a los personajes; convive con ellos otras en los diversos puntos
de la geografía desolada de España, hasta la línea de
fuego, las trincheras, los hospitales de guerra o la
caduca e incierta paz de la retaguardia. Muy posible-
mente algunos pasajes fueron parcialmente autobiográfi-
cos; al menos el que sabe algo de las andanzas de Agustí y lee atentamente esta novela, no puede menos de
imaginárselo.

A todos estos acontecimientos dedica el autor el
último volumen del ciclo, el que lleva por título Guerra civil. En 1965 había publicado 19 de julio, novela que sirve de preparación o preámbulo para la epope-
ya final. En esta novela se observa como se va ensan-
chando la brecha que separa cada vez más a las dos mi-
tades sociales existentes, es a saber, la burguesía di-
soluta y descuidada, y la masa obrera y pueblo llano
que se va afferrando más y más a los ideales anarco-
sindicalistas y al credo comunista. A los primeros se
les une la Iglesia y los militares que están descontentos. A los segundos los apoya el gobierno de la república quien los inflama con propaganda y los endroga
con promesas de igualdad para todos y libertad. En la
intimidad de la familia protagonista se destaca la di-
sensión conyugal entre Desiderio y su esposa Crista.
Ello constituye el símbolo de la disolución de España.
La rueda de la historia acelera su carrera caprichosa
hacia la tragedia inexorable que remata el ciclo.

En los libros consultados no encontré división alguna, al menos explícita, referente a todo este trabajo de Agustí, sin embargo creo que es muy justificado hacerla teniendo en cuenta el matiz especial que separa unos títulos de otros. Así pues agrupo la novelística de nuestro escritor en dos partes. La primera, muy amplia, quedará formada por las novelas que hemos venido resumiendo y discutiendo. Comprende los títulos de Mariona Rebull, El viudo Rius, Desiderio y también la última mencionada de carácter transicional, 19 de julio. Todas estas novelas son de realismo costumbrista, regionalistas e históricas. En ellas adapta la forma de proceso lento y la acumulación de detalles.

Al segundo grupo, por pequeño que parezca, corresponde el solo título de Guerra civil. Es esta una novela parcelaria o periódica en la forma, intensamente histórica en el contenido y ofrece el valor de un documento patriótico con tendencia a ahondar en el significado de la contienda y a buscarle una interpretación. Dedicamos las páginas que siguen a analizar algunos de sus puntos.

* * *

SEGUNDA PARTE

GUERRA CIVIL

RESUMEN DE LA NOVELA

Matías Palá, próspero empresario de camiones en Barcelona, se pone desde el primer momento de parte de la revolución nacionalista de Franco. Su sobrina Blanca, bella y joven enfermera, también es de derechas y logra escapar de la Cataluña republicana en compañía del doctor Foz, quien muere en los primeros combates. Palá es nombrado capitán de ingenieros por el General Mola con la misión concreta de trabajar de espía, cargo que desempeña con verdadera dedicación y heroismo. Busca incansablemente a la sobrina, perdida en los frentes de la misma zona nacional. La quiera como a una hija propia por no tener hijos además de ser ella el único miembro de la familia que le queda. Alguna vez en tiempos pasados llegó a estar enamorado de ella sin que nadie lo supiese, ni ella misma sospechase.

Se le encomienda a Palá la delicada misión de pasarse al otro bando y quedarse en Barcelona donde se pondría en contacto, por medio de claves secretas, con otros espías. Así lo hace impasiblemente y con todo conocimiento del riesgo que corre.

La familia Rius dividida física y moralmente, se ve diseminada por varias partes de España y Francia. El abuelo, Joaquín Rius, hombre digno y conservador, aunque ideológicamente es ciento por ciento de derechas, decide quedarse aferrado a su terruño y no moverse de Barcelona. Se ve obligado a vivir oculto unas veces y a pasar siempre de incógnito. Se convierte en uno de los perseguidos de los milicianos por el solo delito de ser rico, hombre influyente y de tener en su casa un crucifijo y una bandera de España. Su vida es de peligros constantes y llega a sufrir grandes humillaciones y desprecios, incluso de miembros cercanos de su familia que son de izquierdas. Son estos unos sobrinos y el hermano, pertenecientes a una clase social más baja y con los que él había desdeñado el trato, ya desde mucho antes de la guerra.

Desiderio, el hijo, quien ideológicamente no es ni de los unos ni de los otros, se refugia en París y allí espera aburrido y preocupado a la vez a que se despeje el horizonte. Se le pasan los días completamente inactivos y entregados a una vida muelle. El tóxico de la bebida y la compañía de una bella parisiense mitigan parcialmente su soledad. Abriga esperanzas de volver a su casa y hacer vida activa normal, pero a medida que pasa el tiempo, las esperanzas se van reduciendo y la afición al alcohol aumentando.

Crista la esposa, disfruta de una vida disipada y en parte escandalosa, aunque ligeramente disimulada, con la asociación y puestos de honor en varias instituciones efímeras de aquellos días, muy apropiadas para mujeres ricas y ociosas. Vive en un lujoso hotel de San Sebastián, ciudad recién ganada por los nacionales y morada ahora de refugiados ricos y de los "enchufados" o protegidos. Entre sus amistades descuella la de un coronel del cuerpo jurídico, que parece ser su amante.

Carlos, el hijo del matrimonio, después de visitar al padre y observar con pena la vida que lleva, va a junto de la madre cuya situación y actividades le agradan todavía menos. Dotado de un espíritu sinceramente patriota, ingresa en el cuerpo de los Requetés. Luego hace cursillos para alférez provisional con la intención de ir al frente y luchar. Quiere hacer algo importante por la patria y por la liberación de Cataluña.

Miguel Llovet, hijo de un fiel empleado de la familia Rius a quien los anarquistas habían asesinado, también se pasó a los nacionales, dejando en Barcelona a la madre viuda y a la única hermana. Este joven está igualmente poseído de un patriotismo limpio que le identifica con Carlos Rius, para quien él trae una carta del abuelo. Llovet se alista para primera fila pero antes hace un pacto con Rius de hacer todo lo posible para ruenirse, luchar juntos y juntos entrar también en Barcelona si logran sobrevivir. La madre de Rius desprecia a este joven por considerarlo socialmente inferior, al fin el hijo de un simple empleado de la fábrica de la familia, orgullo de Barcelona.

La situación en la Ciudad Condal, bajo los republicanos, es insoportable. La población se siente acosada por el hambre, por la persecución y el espionaje que se extiende a todos los que no son del partido o simpatizantes o al menos familiares avalados por ellos. Siguen los asesinatos y el miedo obliga a muchos a vivir ocultamente. Las cárceles están abarrotadas, los fusilamientos se producen diariamente y media población entre ellos ancianos, clérigos, personas pudientes y de derechas, se ven forzados a ocultarse en habitaciones oscuras, en pasadizos secretos, sótanos, bodegas u otros lugares difíciles de descubrir.

Al lado de tanta crueldad, incomprensión, odio y

barbarie, también hay ejemplos de personas bondadosas, caritativas y sacrificadas hasta el heroismo, que ayudan al necesitado, despreciando todos los riesgos. Entre ellos sobresale el nombre de Rita Arquer, mujer dinámica, valiente y sin pelos en la lengua, que se aventura a hacer tan heroicas obras. Ella oculta en su casa a varios individuos comprometidos, tales como un sacerdote, dos monjas, un catedrático de la universidad de Valencia y al viejo Rius.

Entretanto en el bando opuesto, Rius joven sale de la academia militar con la estrella de alférez y recibe su primer destino en un lugar relativamente tranquilo de Andalucía. Con excepción de un ataque contra una posición roja y el fusilamiento de tres republicanos en el que le tocó al nuevo alférez ser el oficial de mando, lo demás en varios meses fue de vida rutinaria y aburrida. Asistía frecuentemente a muchas fiestas que se daban en casa del marqués, alcalde y cacique del pueblo, al que los republicanos terminan asesinando por la espalda. La bella y distinguida hija de este aristócrata, Pepa Cortina, le hace la vida un tanto agradable y ambos terminan medio enamorados, pero él no se decide a tomar nada en serio pues reconoce el volatil estado de guerra en que se encuentra.

El comandante de esta posición es veterano de mil batallas y escaramuzas en la guerra de África, de brillante hoja de servicios, con cicatrices de varias heridas, pero borracho y liado con una prostituta con la que arma grescas a cada paso. Esta mujer fue antes la amante de un republicano al que él dio muerte. Tanto este militar curtido y profesional como el bisoño alférez Rius están muy descontentos en este lugar de actividad nula en que no les bulle la sangre ante el peligro. Son soldados y están en la guerra para luchar y no se amoldan a estos lujos de la semiretaguardia. Rius, que siempre se extrañó de que le hubiesen mandado a un lugar así, supo al fin que fue debido a una maniobra de su madre por medio del amigo, el coronel del cuerpo jurídico.

En otro rincón no muy lejano de la geografía de España está Blanca Maravall, la enfermera sobrina de Palá. Su puesto en un hospital de Teruel la convierte en prisionera de los rojos cuando estos se hicieron con la ciudad después de reñida batalla. Allí comienza la triste historia de los pocos días que le van a quedar de vida.

21

La llevan en un tren con otras mujeres prisioneras camino de Barcelona. Se enamora de ella el miliciano que va a cargo de la expedición. Este hombre singular abusa de ella después de llevarla a un vagón solitario de otro tren. La escena es brutal y despiadada, pero se desquita y se deshace de él cuando estaba distraído, arrojándole del tren en marcha. Desde ese momento el miliciano se convierte en desertor y pasa a formar parte de una cuadrilla de escapados de uno y otro bando que se oculta en los bosques y en las cuevas de las montañas de difícil acceso. El grupo es tan heterogéneo que entre ellos hay un sacerdote, dos seminaristas, algunos extranjeros miembros de las Brigadas Internacionales y otros milicianos como él. Para subsistir bajan por las noches a robar comida y todo lo de valor que pueden hallar. Se recurre a la violencia sólo en casos de verdadera necesidad, pero todo ello es suficiente para sembrar el pánico en la comarca aunque no falta alguno que los apoya.

Blanca, después de su valiente determinación, sigue sola en el vagón del tren, ahora enganchado a otra locomotora cuyo destino ella no sabe. Será sin duda otro punto de la zona republicana, pero no va a Barcelona. En un pueblo donde el tren se detiene, baja a explorar y a averiguar dónde se encuentra. A base de mentiras y de unos papeles falsos que el miliciano le había dado, logra trabajo de enfermera en el hospital destinado a los miembros de las Brigadas Internacionales.

Un inglés, Ronald Howes, catedrático de literatura en su país, romántico empedernido y socialista de convicción, que ha venido a España para ayudar a la causa del partido, se encuentra allí de convaleciente después de haber sido herido en el frente. Se hace amigo de Blanca, quien habla bien el inglés por haber estudiado algunos años en Inglaterra. Poco tiempo después Ronald tiene que partir pero promete volver un día y casarse con Blanca cuando la guerra acabe.

Entretanto los nacionales entran en el pueblo y la enfermera queda de nuevo con los suyos y desempeñando la misma función de hospital. Máximo, el miliciano que abusó de ella, ahora bandolero perseguido por los unos y por los otros, le sigue los pasos y logra raptarla una noche, después de dejar malamente herido a un guardia del hospital a quien cogió desprevenido. La lleva en un caballo que ha robado, con la boca y las manos atadas. Desde ese momento la joven vive y sufre los riesgos naturales de la banda de desertores a la cual se ve ligada. A la calamidad de tener que vivir con tal compañía se une la de ser la única hembra del clan, apetecida por varios miembros, que a veces se pelean por estar con ella. Máximo la guarda como posesión suya y se impone por la fuerza. Al fin es el jefe de la cuadrilla y también el más valiente y el más audaz. Blanca está atada la mayor parte del tiempo.

Este bruto no era tan fiero en su interior como sus formas hacen creer y así llegó a enamorarse de ella ciegamente y a concebir planes para vivir con ella, trabajar y fundar un hogar, si logran salir con vida.

En cuanto a Blanca, también se va verificando en ella, de una manera insensible, un proceso confuso de amor hacia aquel bárbaro, objeto de sus desdichas. Todo le parece un sueño amargo y triste, pero a veces se le representa como prometedor de algo bueno que no sabe concretamente que será.

Toda aquella comarca es ya de la zona de Franco y el cura escapado puede volver a ejercer libremente su ministerio y así lo hace desligándose de sus compañeros. Los seminaristas prefieren la vida de aventura y riesgo del monte y se quedan. Los extranjeros siguen allí porque no tienen a donde ir, ni siquiera hablan español. Pero el grupo es ahora perseguido constantemente por la Guardia Civil. En unos meses de escaramuzas mataron a cuatro guardias y el grupo de ellos también quedó reducido a dos que son él y ella. A Blanca pudieron atraparla oculta en una ermita solitaria en el pico de una montaña. Se encontraba en estado y con síntomas de dar pronto a luz. Queda al fin Máximo sólo mientras ella es llevada a un puesto de la Sección Femenina de la Falange, donde la consideran una víctima y le prestan toda clase de atenciones, incluso la llenan de ilusión con la perspectiva de tener un hijo. Ella lo agradece todo pero en su interior se siente ahora revolucionaria, tras un proceso parecido al de Patricia Hearts recientemente en América. Antes que nada desearía que el niño conociera a su padre y fuera valiente como él. Ahora es al único hombre a Quien ama.

El sargento que manda la Guardia Civil, viendo que transcurren los días sin dar con el paradero de un tal forajido y por otra parte, ante los indicios de Blanca, mal simulados, de simpatía y amor hacia aquel hombre que va a ser padre de su hijo, prepara la estratagema de que ésta vaya a la fiesta de la ermita solitaria del monte, donde sospecha que él está oculto, con el consentimiento del sacerdote que regenta tal capilla. Sin duda Máximo va a querer verla y saber del hijo. De esta forma podrán apresarle, tal vez vivo.

El hecho, que reviste un carácter patético, se produce en medio de la concurrencia de fieles y romeros que van a la misa solemne, a la procesión religiosa y luego a la fiesta profana con bailes, meriendas y disparo de fuegos artificiales. De buenas a primeras Máximo logra burlar a los guardias, disfrazado de peregrino. Pasa ante ellos cantando plegarias religiosas y mezclado con la multitud. Los guardias no sospechan y así logra una vez más llevarse a Blanca, quien ahora aprende en pocos minutos muchos pormenores de la vida de este hombre, que antes nunca supo, tales como su origen, lugar de nacimiento y ocupación anterior a la de soldado.

Cuando los guardias descubren el engaño, él estaba retirado de la multitud y entre unos árboles acariciándola muy tiernamente. Los guardias disparan sin perder tiempo y Máximo cae herido de muerte. Blanca, en lugar de entregarse, dispara con el fusil de su amante moribundo contra los guardias, quienes terminan dando muerte a los dos juntos, casi abrazados. El niño quedó en el pueblo y les sobrevive, ahora totalmente huérfano.

Miguel Llovet soporta en primera fila toda la larga y encarnizada campaña del Ebro, la cual queda puntualmente descrita en las páginas de la novela. Agustí ilustra este capítulo con derroche de detalles históricos comprobados, correspondientes a ambos bandos beligerantes. Allí también van a parar Carlos Rius, que termina uniéndose con él y el comandante que habíamos dejado condenado a la inactividad en Andalucía. Este último encuentra allí la muerte luchando valientemente en un asalto que el mismo ordenó, cuerpo a cuerpo. Se le dio sepultura en el mismo sitio donde cayó muerto. Así lo había dispuesto él antes.

En Barcelona se encuentra una de las figuras más sobresalientes de la república. Se trata de Borradás, hombre educado y fino, rico, influyente y distinguido. Este elemento consagra todas sus energías y medios a la causa de su partido que es el socialista. En él cree ver la salvación de España y por eso arriesga su vida e intereses con heroismo tenaz y sostenido. Interviene en la elaboración de planes de la batalla del

Ebro, que los republicanos consideraban decisiva.

Se reune varias veces con Matías Palá, el espía del otro bando, ya que ambos habían sido buenos amigos de juventud. Ahora cada uno de ellos sabía el papel que jugaba el otro y conocía el abismo ideológico que los separaba. Palá es llevado a las checas y martirizado por meses que parecían siglos, con el empeño de hacerle confesar, pero los verdugos no lograron hacer salir de sus labios ni una palabra comprometedora para la causa nacional. Condenado a muerte, ve como día a día van fusilando a sus compañeros de prisión, allí mismo en frente a su celda, pero la ejecución de él se va retrasando increiblemente.

Rita Arquer es llevada a los tribunales de milicianos y sufre cadena perpétua. Antes se las arregló con el dinamismo y habilidad que la distinguen, para buscar asilo más seguro para sus protegidos refugiados en la casa. Es aquí cuando el anciano Rius va a parar a casa de su hermano y sobrinos quienes le cierran las puertas y amenazan delatarlo.

El inglés Howes, después de una larga discusión ideológica con su amigo Borradás, al abrigo de la metralla, durante la campaña del Ebro, muere luchando valientemente por la revolución. Al ser herido de gravedad y mientras su vida se va apagando, recita con romanticismo byroniano sus versos favoritos de Shakespeare. Borradás quiso seguir su ejemplo pero el coronel Modesto que mandaba las operaciones se opuso. Frisaba en los sesenta años y su estado de salud era precario.

De vuelta a Barcelona y obsesionado con la muerte del inglés a quien amaba fraternalmente, y ante los dudosos resultados de la batalla, concibe la idea de suicidarse, pero considera que tal hecho sería denigrante para el partido y desiste de ello.

Una dama respetable de familia distinguida y de posibles, llamada doña Evelina, vive sola en un lujoso piso de la Ciudad Condal. Rita Arquer, la caritativa amiga, la cuida en su ancianidad y se preocupa de que nada le falte, pues ella está ida y vive en el pasado; al fin tiene tantos años que ella misma no sabe... serán cien o más, quien sabe! Pero Rita convirtió esta casa en guarida de sus protegidos, la turba perseguida por los republicanos. Allí estuvo Rius una temporada. Cuando se llevaron a Rita a la cárcel y una vez que ésta co-

locó a sus pupilos en otros lugares seguros, la doña
Evelina, abobada y sin saber una palabra de todo lo que
pasaba, permaneció sentada en una silla junto a una ventana que daba a la calle, tal cual Rita la había dejado. Allí pasa horas y horas ensimismada en repasar los
recuerdos de toda su vida, sin saber cuales fueron antes y cuales después, si soñaba o estaba despierta, si
vivía o ya era un espíritu con facultades para pensar a
lo humano. Allí y entretenida en tan dulces pensamientos le sorprendió la muerte. Días después, cuando su-
bió la portera que solía hacerlo una vez por semana, se
encuentra con el cadáver en la silla. Parecía una mo-
mia sonriente.

El anciano Rius, acogido al amparo de otra casa,
va a comer todos los días a un hospicio donde los republicanos reparten comida a los pobres y necesitados
miembros del partido. Rita le había provisto de una
tarjeta falsa con la que podía darse el lujo de ir con
su plato, hacer cola y recibir comida de potaje una vez
al día. Solía retirarse a comer en un banco de un par-
que público cercano cuando el tiempo lo permitía. Un
día, después de un alboroto en la fila en la que una mujer vociferaba amenazante porque se le negaba la comida
debido a haber perdido la tarjeta, descubre Rius que esta ciudadana es la portera de su fábrica y la llama para invitarla a compartir su plato. Por medio de ésta
pudo ir ocultamente a observar su fábrica y el estado
de las cosas en todo el edificio. No había estado allí
desde que empezó la guerra.

Esta mujer era amante del que había sido chófer de
su hijo Desiderio. Era anarquista militante y fue el
mismo que dió muerte al contable que tenían los Rius,
el Llovet padre, hombre de toda confianza que prefirió
la muerte a entregar considerables sumas de dinero de
la planta que administraba a los intrusos. Estas decla-
raciones las hace la portera a despecho al poco de haber reñido con el tal amante.

Rita en la cárcel sufre el maltrato común, pero
nunca logran las guardianas hacerla cesar de arremeter
contra los republicanos. Su lengua es acerada.

En el frente, una vez terminada la batalla del
Ebro, sobrevienen unas semanas de relativa tranquilidad.
Carlos Rius y Llovet, cada vez más amigos, van en compañía de un fraile, ahora capitán, a ver a un viejo muy
curioso. Vive solo en una cabaña de madera en la espe-

sura del bosque, sosteniéndose a base de cazar con trampas. Caza toda clase de animales que por allí abundan.
Mientras comen juntos, el viejo les cuenta su curiosa historia desde que salió de su Puerto Rico natal para vivir en la soledad de aquellos parajes. Casualmente encuentran enredado en una trampa un caballo blanco que lleva toscamente grabado con navaja en las alforjas los nombres de "Máximo y Blanca". Fue el caballo que los bandoleros robaron para usar en sus andanzas del monte.
En una reunión con otros militares encuentra a una señora encopetada de la alta sociedad, quien le da noticia de que su madre estuvo en Berlín y conoció personalmente a Hitler.

Se reanudan las operaciones de campaña en persecución de los republicanos, quienes son vencidos en muchas refriegas. Están desmoralizados y ya ofrecen poca resistencia. Son muchos los que se pasan a los nacionales. Los dos jóvenes viven con la ilusión, antes concebida, de entrar juntos en Barcelona. Todo parece indicar que este acontecimiento va a tener lugar muy pronto. La nochebuena se acerca. Va a ser la última nochebuena de la guerra. Para poder pasarla juntos Carlos toma a Llovet de asistente suyo.

Cuando las tropas nacionales llegan al límite de la provincia de Barcelona, ya casi a un paso de la ciudad y de sus casas, un obús perdido da muerte a Llovet en el momento en que llevaba un parte al comandante. Esta muerte fue muy sentida por Carlos, quien recoge cuidadosamente las posesiones del difunto para entregarlas a la familia. Por su diario de guerra puede comprobar el heroismo oculto de este valiente soldado, su espíritu de sacrificio, su bondad natural, sus buenos sentimientos y el afecto y adhesión que sentía por él.

Varios cuerpos del ejército se van concentrando para entrar en Barcelona... tercio, requetes, falange, divisiones regulares. La entrada es emocionante y se lleva a cabo sin resistencia con la excepción de algunos tiros sueltos que todavía son responsables de algunas muertes. Rius observa que la gente de la ciudad no se vuelca en las calles a recibirlos con entusiasmo.

Rita, escapada de la cárcel con otras mujeres de derechas, cuando los rojos huían apresuradamente a Francia, reconoce a Rius joven y se arroja a él abrazándole con viva emoción y entre lágrimas y sentidas expresiones de júbilo.

Borradás, después de hacer un sereno recuento de los días de su vida en la soledad del edificio del gobierno, donde estaba su lujosa oficina y de filosofar entre lo bueno y lo equivocado de la revolución, se suicida al momento de entrar en la ciudad las primeras tropas franquistas.

En otro rincón de la ciudad y en aquel mismo momento histórico, los condenados a muerte, entre los que está Matías Palá, son sacados de la cárcel y llevados de dos en dos, atados con cadenas, a unos camiones que se ponen en marcha camino de la frontera. Los rojos van en acelerada huída hacia la frontera y estos desdichados que ya saben de la entrada de los nacionales en la ciudad, tan pronto se sienten optimistas creyendo que los van a dejar en libertad o que los van a llevar a Francia con ellos como que les darán la muerte en cualquier paraje solitario del camino. A Palá le toca ir esposado con el obispo de Teruel quien recita oraciones con él y le confiesa. Al fin los hacen descender de los camiones y los matan a todos ante una fosa común. La sentencia de Palá había sido pospuesta muchas veces porque Borradás quería canjearle por el sobrino del general Miaja que estaba preso en la zona nacional.

Después de los primeros momentos que siguieron a la ocupación de la ciudad y de la misa de acción de gracias celebrada en la plaza pública, Carlos se afana en buscar a su abuelo al que encuentra por casualidad. Los dos hombres se abrazan visiblemente conmovidos por intensa emoción; después de reponerse y cambiar las primeras impresiones se disponen a visitar amigos, la fábrica, sus pisos en los que todo lo encuentran como si por allí hubiese pasado un ciclón devastador. Se encaminan luego a casa de los Llovet para darles la triste noticia de la muerte del hijo. Consuelan a la madre y hermana del muerto, únicos supervivientes de la familia.

Carlos se enamora de Isabel Llovet y ésta corresponde a su amor, en medio de la admiración, el beneplácito y la alegría del abuelo Rius y de la madre de la joven. Las cosas van volviendo a la normalidad y la fábrica se pone en marcha nuevamente a pesar de las muchas dificultades. Carlos, que todavía tiene sus compromisos con el ejército, tiene que ir al frente de Valencia, pero la guerra pronto finalizará y él volverá a la vida civil. Estando a punto de celebrar su enlace matrimonial con Isabel, recibe una carta-invitación de Pepa Cortina que se casaba con uno de los capitanes que habían estado allí durante la guerra.

Los Rius-Llovet viven todos juntos en el amplio y lujoso piso perteneciente a los primeros. A fuerza de pensar y reconstruir mentalmente el estado de finanzas en el momento de estallar la guerra, pudieron dar con unos escondrijos en un escritorio de doble fondo y allí encontraron, con gran sorpresa, una fuerte cantidad en moneda extranjera, intacta. Los rojos no habían logrado hacerse con ella gracias a la habilidad del administrador Llovet, quien pagó con la vida este acto de honradez. Con las perspectivas de la paz y la bonanza de los negocios, son felices y la familia va aumentando. Tienen dos niñas que son la ilusión del viejo Rius, ahora bisabuelo, y de la abuela Llovet.

La muerte sorprende al anciano cuando esperaba con ilusión que el tercer hijo de la pareja, que ya venía por el camino, fuese varón. Vienen al funeral el hijo del difunto,Desiderio, quien continúa en París donde sigue su vida bohemia pero más entretenida, pintando cuadros que los turistas americanos admiran y compran; viene Crista, esposa de Desiderio y madre de Carlos. Ésta divide el tiempo entre San Sebastián y Madrid, siempre en su mundo de aristocracia y un poco enredada con el coronel del cuerpo jurídico.

El viejo Rius fue enterrado en una sepultura del panteón de la familia, al lado de otra que rezaba: "Mariona Rebull Forcada. R.I.P.- 1872-1893. Paz, piedad, perdón."

* * *

ESTUDIO Y ANÁLISIS

Se observa desde el primer momento que Agustí, al embarcarse en la empresa de narrar la lucha y toda clase de ideologías, pasiones y violencias unidas a la misma, hace un gran esfuerzo por ser imparcial, de suerte que reparte y a veces equilibra entre los dos bandos virtudes y vicios, valentías y pusilanimidades. Se alinea, es verdad, de la parte nacionalista y católica de Franco pero lo hace tan ténuemente que en momento alguno constituye este relato una interpretación unilateral y apasionada del conflicto, ni tampoco le resta a la novela el valor de testimonio patriótico o de pieza histórica.

A ningún exmilitante ideológicamente convencido que haya tomado parte en cualquiera de las dos facciones, si lee serenamente estas páginas, se le harán inverosímiles o abultados los pasajes de esta novela. Si es verdad que está un poco sobrecargada en la narración de los crímenes de la parte republicana, al fin hay que reconocer dos hechos hoy innegables: Primero que, aún cuando hubo en ambas partes excesos y se derramó, por puro capricho, mucha sangre inocente y de una forma con frecuencia brutal e inhumana, esos crímenes fueron más numerosos e inexcusables de la parte republicana.

Segundo: aunque Agustí escribe con una separación cronológica de los hechos de unos 33 años, separación que le permite acumular más información y ser más objetivo, no hay que olvidar que vive en la España de Franco y sus novelas, como cualquier otra publicación, quienquiera que sea el autor, tiene que pasar por la estrechez de la censura. Algo semejante ocurre con las novelas de Gironella, relacionadas también directamente con la guerra civil y por otra parte perfectamente objetivas y que alcanzaron gran éxito en ambos mundos.

En cuanto a estos excesos lamentables imputados a la república, son reconocidos con frecuencia, directa o indirectamente, por militantes activos durante la guerra en el bando republicano. Uno de ellos es Arturo Berea, quien en su elogiada novela autobiográfica La forja de un rebelde[1], se expresa en la siguiente forma:

Suponiendo que revolución significaba el

---

1 Edit. Losada, Buenos Aires, 1951, p. 135.

derecho de matar impunemente, ¿dónde
íbamos a parar? ¿Nos íbamos a matar
unos a otros por una palabra, por un
grito, por un ademán? Entonces la revolución, la esperanza de España, se iba
a convertir en la orgía sangrienta de
una minoría brutal..................
....
Había visto la masa de prostitutas, ladrones, chulos y pistoleros en un frene-
sí desatado... Esto no era la espuma de
la ciudad. No lucharían, ni llevarían
a cabo ninguna revolución. Lo único que
harían sería robar, destruir y matar por
puro placer.

Otro punto a considerar en el conjunto novelístico,
es el gran número de personajes catalanes, o mejor barceloneses, que intervienen en el conflicto, de suerte
que a veces éstos parecen ahogar la existencia de los
otros. En algún pasaje diríase que la guerra la hacen
sólo catalanes y que el peso de los acontecimientos va
a recaer, para bien o para mal, únicamente sobre Cataluña o sobre Barcelona. Pero aún esto que pudiera parecer un regionalismo empalagoso, merece una aclaración:
Agustí se ha manejado para hacer de un ciclo de novelas
de tipo eminentemente regionalista-barcelonés, unidades
independientes con vida propia. Pero por otra parte,
cuando leemos y analizamos aisladamente cada una de estas piezas tenemos que regresar a la idea de que son
parte de un ciclo y lo básico que preside el conjunto
no es otra cosa que exponer, en forma de novela histórica, las diversas facetas por las que va pasando la
Ciudad Condal durante un período acotado de tiempo.

La guerra es otro suceso más ocurrido durante ese
tiempo, como pudo haber ocurrido un desastre natural
que dejó huellas perdurables. Es una ocurrencia más,
meramente fortuita de la historia. Pero es aprovechada
sólo en términos de su función con Barcelona y por eso
se convierte en la fracción de la guerra de España con
la cual tuvieron contacto sus personajes barceloneses.

Agustí es catalán y quiso novelar a su región como
Pereda parió montañeses, la Pardo Bazán gallegos y Vale-
ra andaluces. Por la misma razón los personajes no catalanes, grandes o chicos, principales o secundarios,
están siempre supeditados al mundo catalán. Viven sólo
en términos de la relación que guardan con el personaje

de aquella región.   Son el apoyo de aquellos.

Viniendo ahora al centro de la novela, se destaca
esta creación de Agustí por el realismo fresco, cho-
rreante de veracidad que caracteriza a las novelas es-
pañolas de después de la guerra. No se trata simplemente de la fina observación costumbrista, cuyo valor y
aportación a la novela puntualiza y pondera Montesinos
en el ensayo Costumbrismo y novela.[2] El realismo de ahora se ciñe fielmente a la realidad concreta del tiempo
novelado, viendo las cosas de una manera objetiva y haciendo girar toda la narración en torno a la historia
de ese momento del que se ocupa. La realidad es el fin
de la obra de arte, no un medio. Y en ese consorcio de
histórico y novelesco, éste último jamás compromete la
realidad de aquello de suerte que mucho de lo que el
novelista cuenta, ocurre allí, en ese momento y de esa
forma. Lo imaginario se ciñe tanto a la realidad que
todo sugiere formas, cosas, personas, sucesos reales
tan vividos como los primeros, de suerte que resulta difícil señalar dónde termina la verdad y empieza la ficción novelesca.

El escritor se inmiscuye como testigo ocular que
observa fielmente la realidad. Lo que ocurre y lo que
se imagina que ocurre le seduce e impresiona por su re-
levancia. Se para a mirarlo atentamente y trata luego
de reproducirlo con la escritura de una manera objetiva, realista e impresionista, dándole a la vez una interpretación, un sentido.

Algunos de los hechos pasan al papel tal cual his-
toricamente ocurrieron. Otros, los meramente novelesc-
cos, suplantan la realidad con ingredientes del mismo
color, peso, tamaño y forma y al unirlos todo permanece
tan uniforme que sólo el que se conoce la historia al
dedillo sabrá establecer fronteras que separen lo uno
de lo otro, tal es el vigor y frescura de hecho reciente y vivido que a todo el conjunto ha sabido imprimirle.
Los personajes son seres perfectamente humanos, veraces
e impresionantemente reales de tal manera que su vida
nos subyuga. No podemos ser apáticos o indiferentes
ante ellos. Al seguir sus acciones nos vemos compeli-
dos a amarlos, perdonarlos, admirarlos, comprenderlos,
sentir deseos vehementes de regenerarlos... tal es el
contenido de verismo que llevan en sus entrañas.

---

2 Edit. Castalia, Madrid, 1960.

En todo el conjunto diríase que guarda la novela de Agustí una cierta relación con el episodio nacional de Galdós, con quien le iremos descubriendo algunas otras semejanzas, bien sean casuales o estudiadas. Pero diríase que aventaja a Galdós en algunos aspectos, pues a diferencia de éste, relata lo histórico con más atrevimiento y autenticidad, como hecho más vivido y experimentado. A pesar del arte del gran maestro de los episodios, Agustí le supera en el sentido de que lo que escribe lo ha visto con sus propios ojos o puede darse el lujo de inventarlo sin dejar de ajustarse estrechamente a la realidad observada.

A veces logra estos efectos simplemente sustituyendo nombres o atribuyendo a una sola persona hechos que en la realidad ejecutaron dos o más, o poniendo en un lugar lo que ocurrió en otro. Galdós tiene que imaginárselo todo porque de casi todo está cronológicamente muy alejado. Gracias a su capacidad imaginativa y a su talla literaria podemos admirar la veracidad de sus piezas y, como por espejismo, imaginarnos al autor un verdadero testigo presencial. En Agustí no hay que recurrir a tal espejismo porque en él esta última afirmación es la verdad.

A través del argumento de la novela, tal cual la dejamos esbozada en las páginas precedentes, se advierte que la pieza encierra más de una novela. Al menos dos y probablemente más, se encuentran y complementan para dar unidas una impresión objetiva de lo que la contienda produjo en cada clase social y cómo desarticuló a los indivíduos y paralizó el cauce normal de sus vidas para darles otro curso insospechado.

Este conjunto trata de explicar a la vez las esperanzas que cada uno cifraba en la guerra, qué interpretación le daba y qué esperaba de ella cuando ésta concluyera. Para lograr estos efectos cada indivíduo agustiniano tiene que inmiscuirse en acciones o seguir derroteros que se salen de la vida trillada de cada día. Constituyen estos hechos el nuevo destino que la guerra les depara y que los compele a vivir o morir caprichosamente, a hacerse mejores o peores, pero a actuar siempre dentro de lo inesperado, en un ambiente preñado de verismo y realidad.

El protagonista de la novela que podemos llamar principal, dentro de este conjunto de novelas menores, sigue siendo un miembro de la familia simbólica Rius.

Ahora éste es Carlos Rius, que representa la cuarta generación desde el comienzo de lo novelado en <u>Mariona
Rebull</u>, la primera parte del ciclo que data de 1944.

Íntimamente ligada a ésta aparece la historia de
los Llovet que luego llegan a fundirse con los Rius en
una sola familia, como efecto imprevisto de la guerra.

Menos vinculado a lo que precede y formando novela
aparte es la historia de Matías Palá y de su sobrina
Blanca. Con el primero podemos relacionar a Borradás y
la historia de la segunda se bifurca y adquiere dimen-
siones insospechadas al añadirle la de Máximo, el miliciano que la seduce y se hace desertor. De ahí que es
imprescindible reconocer, por lo menos, dos novelas dentro del armazón general de un solo título: Una la de
Rius y Llovet. Otra la de Palá y sobrina, Borradás y
Máximo.

En todo este conjunto de creaturas agustinianas,
difícilmente se encuentran cínicos refinados y odiosos
como los sacados a luz por Baroja, antes bien todos los
personajes, de un lado o del otro, bien sean activos o
meramente pasivos en su participación, casi siempre están perfectamente motivados. Si algunas de sus acciones resultan muy vituperables, siempre están compensa-
das por atenuantes que provienen de la pobre educación,
mala información o ambiente en que cada cual se cría y
vive. De esta forma se va perfilando su filosofía particular y su manera de ver las cosas. Pero los móviles
son ordinariamente nobles y por eso muchos se nos convierten en seres intensamente humanos, dignos de ser
estudiados y de que se les escuchen sus razonamientos
porque todos ellos llevan algo de verdad. Así los com-
prenderemos, admiraremos en muchos casos y alabaremos
siempre. Si es preciso hay que perdonarlos, con la vista puesta en el hecho de que cada uno de nosotros imbui-
dos en su mundo y en sus circunstancias, actuaríamos de
una manera muy parecida. Ninguno de ellos pretende el
mal por el mal. Muy pocos son indiferentes ante el sufrimiento y la realidad de los males de la guerra. La
mayoría aporta lo mejor de que dispone a la causa común
que es la de cambiar a España haciéndola mejor. Los
bandos se diferencian sólo en los medios que usan para
llegar a ese fin.

Carlos Rius, el protagonista de la novela principal, es uno de los personajes más mimados por el autor.
Casi no encontramos en él nada reprensible. Producto

de una familia digna, opulenta y trabajadora y ya muy distante de la del primer Rius de origen oscuro, no se deja arrullar por el ocio o una vida regalada, ni le deslumbran los lujos, ni tampoco es insensible al sufrimiento de los demás y a las necesidades de la nación. Su madre quiere buscarle un acomodo prometedor en la quietud escandalosa de San Sebastián, a donde la guerra no llega más que como un murmullo que se convierte en historietas y los días se pasan vacíos con el entretenimiento de asociaciones que llevan el sello de benéficas pero son, antes que nada, un pasatiempo para aquella sociedad ambulante y destituida de sus hogares.

Insiste ella en que haga amistad con una joven de ilustre cuna, exactamente como a ella le gusta. Se trata de Fifí, la hija del vicepresidente de la Diputación de Santander, "una creatura de veintitrés años, más ardiente que el medio día del trópico y a la que, cierto, le gusta agarrarse detrás de él en la Harley y, a ser posible, pararse un rato a descansar en un claro del bosque."

Pero Carlos, dotado de una madurez no muy común a su edad, se siente embargado por algo más trascendental. Vive intensamente la realidad de la guerra y se hace cargo de que la patria necesita jóvenes como él, sanos. Por eso no duda en desobedecer a su madre, muy cortesmente, e irse a esperar al joven Llovet, que acaba de pasarse de la zona roja y trae una carta del abuelo de Barcelona. Sin los prejuicios de casta que abrigaba la madre, hace amistad espontánea e incluso una alianza con este hijo de un empleado de la industria de la familia. Se comprometen ambos a hacer la guerra juntos, a ser posible; a luchar unidos y a trabajar luego en compañía en la reconstrucción de Barcelona, cuando España quede limpia del sarampión de la refriega. "Dentro de la guerra, le dice, nosotros dos haremos otra guerra particular, privada, cuyos objetivos recónditos sólo nosotros conocemos."

Le emociona la carta del abuelo y quiere cumplir sus deseos con venerable respeto. Ahora se siente más ligado que nunca a este otro paisano suyo con el que comparte los mismos ideales y agradece la fidelidad de la familia, mutilada con un asesinato doble cuyo origen fue, en ambos casos, la honradez y la lealtad a los Rius. La carta se lo aclara todo: "Ve siempre en compañía de Miguel Llovet. Este joven es hijo de Arturo Llovet, mi apoderado, que fue asesinado en la fábrica por defenderla y nieto del Llovet que ya había sido hombre de confianza de mi padre y que también fue asesinado en mi lugar el año 1907."

Prosigue la carta haciendo profesión de ser hombre de paz e inclinado al perdón, pero instigando a la vez a los jóvenes a que luchen para limpiar a España de asesinos y ladrones:

> Cuando reflexiono en los acontecimientos de mi vida no veo más que un largo panorama de sangre. Yo no odio a nadie. Para todos quisiera el perdón. Pero de algún modo hay que recobrar para nuestra querida patria el sentido de las cosas.
> ....
> ¡Luchad, luchad, manteneos unidos, no desfallezcáis! Dios no puede querer que triunfen el odio, la iniquidad, el bandolerismo y los asesinos. Que Él os conserve la vida como ha querido conservármela a mi.[3]

Hace cursillos para alférez provisional y pasa unos meses en la academia militar destinada a la formación de estos futuros oficiales tan necesarios en tiempo de guerra y al salir luciendo su estrella de alférez de infantería,

> llevaba un bagaje bien aprendido de nociones militares. Sabía la forma de entrar en combate, conocía bien el manejo de la ametralladora y el fusil, estaba seguro de poder mantener la moral de unas tropas a su mando, sentía por dentro la excitación sutil de todos los estímulos humanos para hacer la guerra: el sentido del honor, la disciplina, la fortaleza, el desprecio del peligro y del dolor.[4]

Entrenado y dotado de tal espíritu le molesta el contraste de ideales y motivaciones que observa cuando hace una escapada a San Sebastián para despedirse de su madre antes de ser destinado al frente. El mundo de su madre, el de la tal Fifí y de sus amigos era

---

3 Ibidem, p. 50
4 Ibidem, p. 87

definitivamente opuesto al suyo:

> De pronto, aquel mundo de retaguardia,
> tan superficial y tan vano, se le antojó
> que estaba alejado de la realidad. Veía
> a la gente sentada en las terrazas de los
> cafés como si fueran fantasmas de otro
> mundo. En su recorrido por España había
> conocido las aristas de la tierra autén-
> ticamente sometida al yugo de la guerra.
> En los parajes de la tierra adentro, en
> la ancha Castilla había olfateado la
> tragedia y la muerte, de uno a otro cabo
> de la geografía.....................
> ....
> Pero no en aquella ciudad, que parecía
> huir de esta realidad para desflecarse
> en normas de indolencia entre la curva
> suave de los tamarindos de la Concha.[5]

Para él la guerra tenía, como para muchos otros,
una finalidad bien perfilada y cada vez se le hacía más
clara. Era el ideal compartido, con pequeñas variantes,
por todos los de derechas. Por una parte la guerra,
con todas las miserias inherentes, se hacía para resta-
blecer la paz, la cual descansaría sobre los pilares de
la tradición religiosa más pura y añeja del pueblo español. Este sentimiento le corrió por las venas y le
conmovió más íntimamente cuando entró en una iglesia un
día al caer de la tarde y observa el espectáculo de la
muchedumbre, de rodillas, sumida en ferviente plegaria
de la que sólo se oían ténues murmullos individuales.

> Rezaban por algo que los que estaban fuera
> no comprendían, algo que la sacudída y los
> estruendos del campo de batalla no acerta-
> ban a acallar: el alarido de los agonizan-
> tes, el dolor de los que habían caído, el
> golpear de las frentes abatidas contra el
> polvo de las cunetas, el ignominioso sacri-
> ficio de las gentes queridas, la sinrazón
> y el luto desparramados en las esquinas
> negras de las ciudades. Era el barullo
> incontenible de las almas vueltas hacia
> Dios en una súplica vehemente y abnegada,
> que no sabía por qué se manifestaba, que

5 Ibidem, p. 87-88

estaba lejos de comprenderse a sí misma
y a su razón. Era la fe de un pueblo,
que llegaba de tiempos remotos, que
surgía de las raíces mismas de su ser,
más firme que la muerte, que el nimbo
de la resurrección. Entonces comprendió
Carlos el sentido de la lucha, el poder
impetuoso de la guerra, el afán de la
victoria, el lujo insigne de la paz que
a lo lejos se vislumbraba.[6]

Es necesario que la guerra produzca una conmoción
social capaz de proporcionar trabajo y pan para todos.
De buscarle otra interpretación más práctica al virtuo-
sismo feudal de la religión. Había que acabar con la
casta de señoritos holgazanes y adinerados, que hacían
transcurrir sus días en fiestas y lujos a costa del sudor de muchos. Esto se lo echa en cara, sin miramientos
a la elegante y orgullosa Pepa Cortina, la hija del Marqués de Caramiñal Alto. Después de contarle lo del
asalto a una posición enemiga en la que murieron todos
los soldados del otro bando, le dice:

Yo no hubiera disparado contra la chabola
de enfrente. Pero mucho menos estaría
ahora gozándola aquí, en una tienta que
no es propio que se dé a unos kilómetros
del frente ni en esta época. Perdona:
esto no va contra ti ni contra tu padre.
Pero me parece que muchos de los de este
lado creéis que la gente se está matando
para que vuestra forma de vida pueda
continuar como hasta aquí. Esta es la
sensación que ya tenía en San Sebastián
y precisamente esa sensación fue la que
me hizo coger los bártulos e ir a la
Academia.[7]

Pepa Cortina se convierte en la novela de Agustí,
quien se balancea para ser imparcial, en símbolo y re-
presentación fiel de esa veta hispánica estéril, tan rica que puede vivir de rentas, despilfarradora y siempre
muy celosa de salvaguardar el decoro y el honor de casta, honor que ampara con viejos títulos nobiliarios y
con el brillo de hechos ilustres de sus antepasados. En
ellos se dan cita la religión acomodaticia y el patrio-

---

6   Ibidem, p. 89.
7   Ibidem, p. 111.

tismo enraizado en el pasado histórico y no en la realidad presente. Viven bajo la sombra del ilustre pasado familiar y sienten el orgullo de tal apellido y de tal sangre. Esto juntamente con la afluencia material que incluye grandes propiedades y cuantiosas rentas, les concede licencia para entregarse al ocio y a los pasatiempos que cada cual encuentra más de su gusto.

Entretanto el humilde es explotado sin que ello implique mala fe por parte de su señor. Al fin es una diferencia social que siempre existió, ancestral. De ahí que el rico no llega a comprender nunca la suerte del pobre, ni sospecha casi nunca que él es culpable en situación tan desigual. Así no intenta mejorarla al menos de una manera eficaz y permanente. La caridad esporádica es la única via conocida y practicada.

En el otro bando, en donde también luchan por una España mejor y más igual, sin ricos ricos y pobres pobres, sin ociosos y esclavos, persiguen todo lo que huele a religión precisamente por la inconsistencia irónica que existe entre las palabras del Evangelio y el uso que de ellas hacen los religiosos, los nobles y los ricos.

Pepa Cortina es una deidad joven, alta, de porte elegante, pelo rubio y grandes ojos azules, de carácter sereno pero atrevida en sus ademanes y desenvuelta, alegre y despreocupada. Después del asesinato de su padre vive en una mansión de la familia que constituye un insulto a la pobreza que le rodea. A la puerta hay un portero con librea y "un portón en la verja de hierro labrado que protegía el jardín, que era muy grande y distribuido en vertientes diversas, divididas por setos de arrayán. En el jardín fulgía el agua disparada en surtidores, que ornaban unas fuentes con graciosas figuras de piedra..." Luego se entraba a un palacio de ancha escalera de mármol perfectamente labrado y estatuas de dioses mitológicos, sátiros y donceles desnudos. En los inmensos salones interiores adornaban las paredes ricos cuadros de Zurbarán, de Murillo, Velázquez, el Tiziano, Rubens y un Cristo de Alonso Cano.

En la biblioteca había un pergamino en el que el gran Almirante había dibujado un mapa de la isla La Española, recién descubierta. Cuadros del Duque de Alba, un antepasado suyo, y todo un barullo de vestigios de grandeza. Su familia había sido inmensamente transcendental en la historia de España. Esto fue lo que vio

Carlos Rius cuando fue a verla y despedirse al salir para el frente. Él, rico pero trabajador y sin más títulos que los callos de sus manos, pensó confundido por el lujo, las reliquias e historia que "ella era una pieza de la historia de España, un elemento vivo de ese fenómeno antiguo, complicado y nobilísimo llamado España."

A Carlos no le atrae en modo alguno este trasnochado refinamiento de los ricos ilustres y por eso no piensa en la mano de Pepa Cortina que tan fácilmente hubiese podido conquistar. Es joven y comprende sus obligaciones y los riesgos a que se ha comprometido. Al fin ninguna edad es tan generosa como la juventud. Cuando se apasiona por algo que estima noble, fácilmente lo da todo por sus ideales, incluso la vida. Los intereses creados son menores y por consiguiente hay menos apego a lo material y a la misma vida.

Quien haya vivido en el hormigueo escalofriante de tensiones patrióticas de los comienzos de la guerra de España, sabrá apreciar mejor la realidad de escenas como estas. Por eso el caso de Rius y Llovet encaja perfectamente en la realidad de otros muchos mozos voluntarios, venidos de los cuatro puntos cardinales de la nación, electrizados por la misma riada desbordante de nobles sentimientos.

Hombre de bondad innata y de una tendencia natural a la paz, son las misiones especiales, precisamente las que no ofrecen peligro de ninguna especie, las que más le conmueven, repugnan y anonadan. Cuando el comandante Ordóñez mandó fusilar a los tres presos implicados en crímenes, como represalia por haber dado muerte otros de su partido al Marqués de Caramiñal Alto, escoge a Rius como oficial encargado de mandar el piquete que ejecutaría la sentencia. El viejo militar piensa en el alférez Rius, bisoño aún, para entrenarlo en los deberes militares y "templar sus nervios de ese modo", porque estaba todavía "un poco verde en cuestiones de veteranía", como le dijo el día antes.

La descripción del hecho, literalmente repetida en la realidad fría miles de veces en uno y otro bando a lo largo de los años de guerra, se presenta tétrica y escalofriante, como ocurre siempre que se trata de suprimir deliberada y friamente el torrente de vida humana, como quien pone un punto en una línea, a indivíduos en este caso jóvenes y sanos. No importa si la acción está o no legalmente o aún moralmente justificada.

Agustí muestra aquí una vez más su extraordinaria
capacidad para captar la realidad y reproducirla con
realismo impresionante. El sargento que custodia a los
presos se los entrega al alférez Rius para que se encar-
gue del cumplimiento de la sentencia dictada por el Comandante Ordóñez. La sentencia debe ser cumplida inme-
diatamente. Veamos como se lleva a cabo:

De una celda salieron tres espectros
malolientes. Uno de ellos era alto y
delgado; los otros dos bajos, más bajos
de lo normal; uno de ellos gordezuelo y
el otro desmirriado y canijo. Los tres
tenían la piel blanca y lívida, segura-
mente a causa de los muchos días de encierro. El más alto mostraba una postura altanera y parecía mirar a todos por
encima del hombro. No delataba la ocasión terrible en que vivía. Parecía indiferente a ella. De los otros dos, el
gordezuelo parecía resignado a la muerte;
tenía los ojos bajos, como si no se atre-
viese a mirar en derredor. El otro, en
cambio, parecía que no pudiera tenerse
en pie y era sostenido por un soldado,
que se veía obligado a llevarle a rastras.
Su quijada temblaba como si quisiese pro-
nunciar unas palabras que no salían. Se
veía que sus ojos desvariaban, casi se ponían en blanco entre arrebatos impulsivos
y vehementes.

Junto a ellos había aparecido el cura. La
negra sotana parecía una mancha oscura en
mitad de la calleja. Tenía en las manos
un breviario abierto e iba leyendo unos
textos en latín. Los tres presos iban
con las manos esposadas y atados los
unos a los otros: el gordezuelo primero,
luego el más alto y, por último, el des-
flecado y pusilánime. El cura se mante-
nía impávido. Fueron colocados en el
centro de la doble hilera que formaban
los soldados. La triste comitiva echó a
andar.

Caminaron hasta un promontorio que, a la
salida del pueblo, daba a la tapia de un
campo en el que se encerraba el ganado.

Carlos Rius vió allí a diversos grupos
de la gente de la población, que pese a
la temprana hora esperaban a que llega-
sen los presos y empezara el espectáculo.[8]

Sigue describiendo como aquel grupo de espectadores, entre los que sobresalían las mujeres de sayal negro y piel curtida por el sol, hizo reflexionar al joven oficial, mientras el campanario de la iglesia cer-
cana echaba sus campanas al toque de lúgubres tañidos
que en aquella circunstancia revestían el carácter de
los graznidos de una ave de mal agüero. Y prosigue la
narración tan bien perfilada que nos vemos tentados a
transcribirla íntegramente:

El aguacil había leído en unos papeles
unos textos que Carlos no entendió. Del
grupo de los tres presos se había segre-
gado al gordezuelo, que fue puesto de
espaldas al muro. A una indicación de
Carlos, seis de los doce soldados se pu-
sieron enfrente. El cura estaba junto
al condenado, susurrando en su oído una
teoría de frases y jaculatorias. El reo
parecía abatido, sin chistar.

Se acercó el sargento y cubrió sus ojos
con un pañuelo. El condenado se dejaba
gobernar, no oponía resistencia a nada.

El sacerdote se apretó a su lado. Iba
rezando para sí, con los ojos bajos y un
susurro en los labios. No se oía un sus-
piro. Sólo el piar de unos jilgueros
matinales y el batir tenue de sus alas.
Carlos Rius se puso al lado del pelotón,
de perfil a él. Levantó el brazo y gritó.

-Apunten- y los soldados llevaron sus fusiles al hombro. Luego dijo: ¡Fuego!
Se oyó el estampido de una descarga.
Aquel cuerpo pareció que se desleía; se
hundió en el polvo, quedó en el suelo
ovillado, tranquilo. Aún se advirtió
un leve movimiento, una contracción. El
sargento se acercó y le pegó un tiro

---

8 Ibidem, p. 148.

en la nuca con la pistola.[9]

La gente miraba al muerto con gesto estúpido. Parecían estar todos vivamente afectados y como si lo que veían les paralizase las palabras y les robase las expresiones. Contemplaban sobrecogidos y de lado, como no atreviéndose a afrontar la realidad que allí se vivía. Entretanto Rius se sentía emocionalmente derrotado y casi incapacitado para repetir la misma voz de mando otras dos veces y ver desplomarse los otros dos cuerpos atravesados por el plomo de las balas. Llamó al sargento, más profesional y curtido por los años de servicio, para que le supliera.

Para los otros dé usted la voz de mando y se apartó un poco. -La escena le desagradaba. Creía haber cumplido ya.

El segundo de los condenados se puso al lado del muerto. Fue por su propio pie y rehusó la compañía del cura. Le apartó de un manotazo.

Era el más alto de los tres, que miraba a todos por encima del hombro. Echó una mirada lenta sobre los espectadores. El pelotón estaba dispuesto. Se acercó el sargento con el pañuelo. Lo desechó igualmente.

-Quiero ver la cara que ponéis cuando cae un hombre. ¡Hermanos, viva la República socialista española! ¡Viva la revolución! ¡Abajo el fascismo!
Sonaba ya la voz del sargento:
-¡Apunten!
-¡Vivan los...!
Su voz quedó anegada por el estrépito de la descarga. Cayó hacia delante, como el mástil de un barco que se zarandea hacia la proa. Sus manos parecían agarrar el suelo, arañar el polvo. Fue el sargento con la pistola a punto, le observó, le auscultó y no hizo uso del tiro de gracia.

---

9 Ibidem, p. 149-50.

Uno de los soldados del pelotón había
caído también hacia adelante, se había
desmayado. Carlos le volvió la cara;
era un muchacho jovencísimo, que no
alcanzaría los veinte años. Su rostro
estaba bañado en sudor. Le tomó el pul-
so y apenas latía. Hizo que le rociaran
la cara con un cubo lleno de agua fresca.
Al poco volvió en sí. Fue reemplazado
por otro soldado del pelotón.

Para el tercer condenado la ceremonia
fue mucho más difícil. El reo, lívido
y fuera de sí, no se sostenía en pie.
Fueron a buscar una silla, pero una vez
en ella se ponía a chillar y quería escapar. El sargento hizo que le ataran
al respaldo.

Al fin se consumó el fusilamiento y hubo
que desatar de la silla a la víctima una
vez que le hubieron disparado el tiro de
gracia.[10]

Muchos meses después, estando en primera fila, al
frente de sus soldados en la histórica batalla del Ebro
dará muestras de gran valor y de desprecio de la vida.
Pero la ocasión es muy diferente de la anterior. Se
trata ahora de un momento álgido de lucha encarnizada
en la batalla más larga y decisiva de toda la guerra.
No es el caso de un fusilamiento frío en que la muerte
de las víctimas dependía de unas palabras de ritual sa-
lidas de sus labios. Ahora se disponía a pasar arras-
trándose por el polvo y los pedruscos, las alambradas
que separan las dos líneas y a tomar la posición enemiga, para lo que sería preciso, dada la proximidad, ba-
tirse primero a bombas de mano y luego cuerpo a cuerpo,
a bayoneta calada.

Pero su arrojo en este momento no le ciega e impi-
de la visión desolada de sus soldados que van cayendo,
heridos unos,muertos otros, a su lado y de prestarles
ayuda, cuando el fragor de la lucha y la mucha sangre
derramada hace apremiantes y a la vez escasos los servicios sanitarios y la presencia de camilleros. Cuando el más joven de los soldados de su compañía, un vo-
luntario que se ofreció para llevar la bandera, pasar
las alambradas e internarse con ella en terreno enemi-

---

10 Ibídem, p. 150-51.

go, cae malamente herido y se ciñe al suelo bañado en
su propia sangre, Carlos corre agazapado a su lado para curar su pierna destrozada y no le importa el sil-
vido de las balas que cruzan a su lado o la metralla
que viene a morir a sus pies levantando cascotes, pie-
dras y tierra.

Durante los años de campaña ha tenido ocasiones
de vida quieta, aún dentro de la vida de un soldado en
tiempo de guerra. En estas ocasiones cada acto bélico
que se producía en el cual alguien perdía la vida, le
hacía reflexionar después durante las horas muertas,
sobre los móviles de la guerra, el triste destino de
la humanidad y otras consideraciones. Pero hay otros
muchos momentos en que la violencia y la lucha arrecian
y el combate deja como huella tangible, cientos de cadáveres despanzurrados y montones de heridos desmembra-
dos. Y llega un momento en que esto se sucede día tras
día, sin dar lugar a reflexionar, a embeberse en los
tristes sucesos. Así llega a hacerse casi insensible
a tanto mal individual. Solamente siente toda la causa, la guerra atroz, como un solo mal indivisible y a
veces difícil de explicar ni en sus principios ni en
sus fines. Vuelve de nuevo a sentir la tragedia particular, personal, de un solo individuo, a la muerte de
su paisano y mejor amigo Miguel Llovet. Su muerte le
anonada y le obliga a derramar profusión de lágrimas.

Ocurre este hecho cuando se puede decir que casi
estaban en sus casas. Ambos habían salido ilesos de
largas y sangrientas batallas cuando no lo esperaban.
Ambos habían visto la muerte cara a cara cientos de
veces. Y ahora, cuando apenas hay resistencia, cuando
las tropas nacionales pueden hacer largas jornadas sin
disparar un solo tiro, es que Llovet viene a caer en
su propia tierra catalana y muy cerca de la ciudad natal. Cae víctima de un obús perdido. En esta muerte
se repite por tercera vez la historia trágica de otro
Llovet que cae por o en favor de los intereses de un
Rius. Los dos primeros así muertos se los explicó el
abuelo en la carta. Ahora el tercero, que ha venido
a la guerra para vengar a su padre y para ayudar a poner las cosas en orden en España y darse el lujo, inmensamente merecido, de entrar triunfalmente en Barcelona y ayudar a reconstruirla, es este Miguel Llovet,
resumen y compendio de la honradez, valentía y espíritu de sacrificio de los anteriores. Viene a caer allí,
a unos pasos del final glorioso y practicamente en lugar de Carlos Rius.

Es por la navidad del año 1938, pocos meses antes de terminar la contienda. El mando, al encontrarse con un pequeño foco de resistencia, debe mandar un parte a una ala de ejército que sigue el avance. Rius está presente y es el oficial de menos graduación allí y se ofrece a llevarlo pero el comandante no se lo permite. Echa manos entonces del primer soldado que encuentra que resulta ser Llovet, por encontrarse siempre cerca de su oficial Rius. En esta misión, la más fácil de todas, cae destrozado por una explosión de metralla. Carlos,al encontrar el cadáver momentos después,

> estaba atónito, no podía creerlo. En un
> momento se había quedado solo. Contem-
> plaba el campo con una absoluta indife-
> rencia. Y un gran gemido salió brusca-
> mente de su pecho, un atropellado sollo-
> zo de niño. Se arrodilló en tierra junto
> al cadáver de Miguel, mientras por su
> lado silbaban las balas y no lejos esta-
> llaban los obuses y en el cielo se iban
> encendiendo tras la neblina las primeras
> estrellas de la Navidad.[11]

Al entrar en Barcelona y después del emocionante encuentro con el abuelo, de la visita a amigos y de echar un vistazo a las propiedades de la familia para calcular el daño sufrido, va a ver a las dos mujeres Llovet, epítome a que había quedado reducida toda la familia. Llega el momento embarazoso de tener que comunicar la terrible noticia de la muerte del hijo y hermano, respectivamente, a estas dos mujeres. Y se siente ligado a la tragedia familiar de una manera inseparable.

A mayores del agradecimiento por todas las bajas que los Llovet sufrieron por los Rius, a mayores de la sincera amistad que le unía con el finado Miguel, la guerra le enseñó que todos los hombres son iguales y que las estructuras sociales tan distanciadas no tienen razón de ser. Además allí está Isabel, sumida en el dolor, pero joven, lozana y bella. Durante la guerra pensó en ella desde el momento en que el hermano le enseñó su foto. Ahora que la ve en persona decide hacerla su esposa. Se le declara y ella gustosa consiente. Con este matrimonio las dos familias quedan

---

11 Ibidem, p. 432.

unidas a pesar de la admiración de Crista para quien la guerra no ha tenido significación alguna en cuanto a condiciones sociales.

Carlos Rius, con Miguel Llovet como complemento, forman el mejor ejemplo de las virtudes del pueblo catalán, según Agustí quiso darlo a conocer. Esa parece ser su intención y por eso derrochó en ellos todo lo que de bueno, trabajador, compasivo, sacrificado y noble se puede imaginar. Gozan de un perfecto equilibrio humano y aparecen exquisitamente perfilados. Hay que admitir que son jóvenes poco comunes, demasiado maduros, prematuramente viejos, pero no por eso divorciados de la realidad.

¡El Comandante Ordóñez! Eh aquí otro tipo fielmente sacado de la realidad, del gremio militar castizamente español. En la novela no se nos dice nada de los estudios de este personaje, pero todo parece indicar que se trata de un comandante de los llamados vulgarmente "de cuchara", es decir, de los que no pasaron por la academia militar. Cuando soldados, una vez terminado su compromiso con el ejército, allí se quedan para hacer carrera a base de ascensos lentos con años de servicio y méritos de guerra. El comandante en cuestión es una copia bien lograda, en lo bueno y en lo malo, del militar de todas las latitudes y tiempos, pero más aún de la tradición castrense española.

Es nuestro hombre entrado en carnes, de calva prominente y anda por los cuarenta años. Se advierte una distracción del novelista al fijar la edad de este personaje, pues luego nos dirá que lleva treinte años en el ejército, resultando de este cómputo que ingresó en el servicio de las armas a la edad totalmente inverosímil de diez años.

En las largas campañas de las guerras de África, en donde se había destacado en las operaciones más difíciles, perdió un ojo cuyo hueco llevaba ahora cubierto con un trapo negro. Parecía de esta forma un pirata tuerto de película. "Yo, le dice a Carlos Rius, llevo treinta años en el ejército. Me han herido siete veces. Cuatro veces en Africa y tres en esta guerra. De modo que he visto de todo." Más tarde agrega: "Soy hombre de acción, me gusta la milicia activa, la jarana. En mitad de un fregado no me acuerdo de nada." Le gusta mandar los soldados del Tercio y la Legión, los soldados verdaderamente profesionales, que se pe-

lean por ser el primero cuando un oficial pide un vo-
luntario para una misión imposible, de los que cantan
a pleno pulmón en su himno "Soy un novio de la muerte
..." Eran estos individuos forzudos, aguerridos, dis-
ciplinados, valientes, con experiencia bélica puesta a
prueba en mil batallas... la mejor fuerza de choque de
España y una de las mejores del mundo.

Don Policarpo, que así se llama nuestro Comandante, era un gran militar, valiente y gran jefe. Tenía
coraje, un gran sentido del honor, era disciplinado y
amaba al soldado que militaba a sus órdenes como a un
hijo. Conocía muy bien todas las armas de combate en
uso entonces y sabía disponer la batalla con estrate-
gia.Jamás confesó ni llegó a saberse si era soltero o
casado y si tenía hijos, ni tampoco se nos dice de que
ilustre región de España procedía. Era, sí, un quijo-
te enamorado de la guerra, un patriota ciego y además
un ser dotado de un profundo sentido religioso, a pesar
de los muchos detalles que iremos aprendiendo, pues si
cortásemos aquí nuestra relación no habríamos conocido
más que la mitad del Comandante. Tenía en efecto un
segundo lado y muy abultado. Se había aficionado a la
bebida de una manera ciega:

> Bebía desde que se levantaba hasta que
> iba a acostarse, sin interrupción. Bebía
> sin concederse tregua ni reposo, todo
> aquello que se le echara por delante:
> coñac, ginebra, vino, ron, anís o cual-
> quier tipo de licor. Lo mezclaba todo
> y lo sobreponía indistintamente, de arri-
> ba abajo o de abajo arriba, sin el menor
> escrúpulo, sin el menor cuidado. Cada
> uno de estos productos alcohólicos produ-
> cía en él un efecto que, sin dejar de
> ser el mismo, difería únicamente en sus
> matices espirituales. El coñac, por
> ejemplo, lo mantenía en vilo un rato
> hasta que acababa embotándolo, aletargán-
> dolo y haciendo ininteligible su voz,
> que se convertía en un rumor pastoso;
> la ginebra volvía a afinarle la voz y
> lo volvía otra vez agudo y dialéctico,
> hasta que se le metía por las venas del
> humor, es decir, del mal humor, y lo vol-
> vía agresivo, impetuoso, peligroso; el
> vino era, de todas las variantes del al-
> cohol, aquella cuyos efectos eran capaces

de perdurar sobre su ánimo con unos
resultados más coherentes. Por lo tanto
el Comandante era capaz de engullir el
vino a toneladas sin perder la razón,
de la mañana a la noche. El vino le
hacía incluso delicado, simpático, y
de su mano era capaz de pasar noches
enteras en blanco.[12]

Otro defecto era el típico de las faldas, pero en
esta ocasión, dada la calidad de la tipa y la manera
de liarse con ella, el hecho reviste un carácter altamente censurable. En primer lugar, Ordóñez, acaso por
los excesos del alcohol, era impotente o al menos "se
dudaba que el comandante conservara la facultad viril
de poseer una mujer, pero se sabía que le agradaba ver
a la Zarzamora despojarse de su ropa y quedar ante él
como el día en que nació."

En segundo lugar, esta gitana, que no era otra cosa la tal Zarzamora, tan pronto aparece como una viuda,
como pasa de antigua prostituta. Agustí deja a nuestro albedrío el imaginarnos lo que queramos. Era, sí,
"una hembra aguerrida, morena, chismosa y buscapleitos
a la que todo el mundo temía."

En cuanto a la manera de hacerse con ella, también
hay en ello algo denigrante. Resulta que la tal Zarzamora estaba casada o vivía con un prófugo a quien el
Comandante había mandado fusilar tiempo atrás. Reco-
gió luego a esta hembra y le dió trabajo en la cantina.
Por fin termina uniéndose a ella sin escrúpulos. No se
entienda que el comandante mató al prófugo para hacerse con la mujer. Una acción tan baja no cabía en el
código del honor de don Policarpo. Los hechos se produ-
jeron desconectadamente y al acaso, como suelen venir
las cosas. Pero aún así la unión con tal moza resulta
una acción fea, sin que las anomalías del tiempo de
guerra le puedan servir de atenuante. Por otra parte,
en caso de tener mujer, ella era la única a propósito
porque sólo ella era capaz de aguantar las curdas del
militar y de enfrentarse a él, sin miedo, cuando hacía
falta pararle los pies.

La narración de la vida erótica de don Policarpo
con la gitana queda puntualmente descrita conforme a
los cánones más estrechos del nuevo realismo aparecido

_____

12 Ibidem, p. 98.

en la novela de la postguerra española, que hemos discutido al principio de este trabajo. Este realismo está emparentado con el naturalismo, como se observará, en cuanto que describe minuciosamente la realidad en todos sus detalles y se recrea en ofrecernos los aspectos más íntimos e ingratos y las acciones humanas más bajas y degradantes. No en vano se ha dicho que el naturalismo es un realismo exagerado.

Buen ejemplo de ello lo constituyen los pasajes que a continuación explicamos y acotamos. Agustí nos los ofrece tan a lo vivo que casi parecen escenas textualmente tomadas de la realidad en cinta magnetofónica. Veámoslos en detalle.

Después del asesinato del marqués de Caramiñal Alto, cuando iba por la carretera desprevenido camino de su finca, el comandante ordena el fusilamiento de los tres presos socialistas que habían robado un correo y dado muerte a unos guardias civiles. Llega el jefe militar a tomar esta decisión como represalia y a la vez como un escarmiento para los de izquierdas que vivían ocultos entre ellos. Como queda explicado Rius es el oficial escogido por el Comandante para llevar a cabo esta misión.

Mientras se efectua una acción tal que conmueve a todos, pueblo y soldados, el jefe que la ordenó permanece tan tranquilo en su habitación como cualquier otro día. Para aquel hombre curtido en la guerra y en la disciplina militar, el fusilamiento de unos individuos no alteraba en absoluto el curso normal de su vida rutinaria ni el de sus sentimientos, pero no así para la amante gitana quien, después de escuchar las descargas y de asomarse a la ventana escudriñando el exterior, mientras él "contemplaba a medias el espectáculo puntiagudo de sus senos, puestos como una profanación en dirección al campo de la muerte", se encara con él como una hiena herida y le recrimina con energía:

Así disfrutas y te corres, bandido, viendo como se derrama la sangre. Así crees que eres más hombre, ladilla, viejo, castrado. Pues para que lo sepas: el Escarpín (mote de uno de los fusilados) a quien tú has matado, era más hombre que tú. Ese hombre alto que acaba de morir te daba cien vueltas y no sólo en la cama sino en la calle y en la guerra, para que lo sepas.

A ese que acaba de morir le he tenido
yo encima docenas de veces. Era
gallardo y amable. Y sabía lo que se
hace con una mujer. Hasta siete veces
se le podía tener y luego se marchaba
tan pancho. ¡Aprende tú, comandante
de m., a hacer otro tanto![13]

El militar ebrio como de costumbre y medio dormido
apenas se percataba de lo que la otra decía. Sólo per-
cibía algunas palabras que le herían y le sacaban de la
morbosa contemplación de aquellos senos prominentes.
¡Maldita mujer, maldita voz, que callara de una vez!,
decía. Pero la otra proseguía como quien recita una soflama política o arenga soldados antes del combate:

Mameluco, sátrapa. Si te vieran los
jefes repanchigado aún... Y a lo mejor
te han visto. ¿Quien puede asegurar
que no te hayan visto? Pues ¿por qué
crees que te tienen aquí tirado si no
es por eso? Ellos losaben todo, no se
les escapa nada. Saben que eres un mameluco, que ya no eres hombre, que estás
todo el día como una cuba y que te acues-
tas conmigo, aunque sea para nada...
Todo esto saben y mucho más. Por eso te
tienen aquí de carabinero, sin dejar que
hagas la guerra de verdad, ¿no lo com-
prendes? Y tú no tienes más remedio que
montar esos festivales con la gente que
tiene más huevos que tú. Al paredón,
tres tiros y a otra cosa. Canalla, más
que canalla..."[14]

El otro se las tragaba todas tranquilo. Aunque empezaba a molestarle la soflama insultante de la prójima,
más que las palabras le perturbaba el tono en que las
decía y el alboroto que armaba. Algunos meses antes
cuando tenía lugar una de estas frecuentes grescas, el
cuerpo de la hembra rodaba por el suelo entre bofetadas
y pisotones. Ahora lo aguantaba todo como símbolo de
su decadencia.

Mal parido, hijo de puerca, maricón.
¿Ya estás contento? Ya has despachado

13 Ibidem, p. 151.
14 Ibidem, p. 152

a otros tres que te estorbaban, ya te
has demostrado a ti mismo que los tenías
bien puestos; pero tú en la cama, a dormir los litros de coñac que te bebiste
ayer; tú en la cama, a eructar y a mearte.
He aquí al héroe, el llamado terror de
Caramiñal, el hombre que ha sido herido
siete veces, el monstruo de un ojo solo,
el conquistador de la Vega. Di ¿a qué
esperas? Cuando vas por la calle las mujeres sienten asco de todos los hombres
porque pasas tú. Nunca más se tenderán
desnudas mientras tú existas. El héroe
que ha matado por la espalda más veces
de todo España. ¡Valiente gloria!....
No ganarás nada con haber raptado a las
viudas de los que primero has fusilado.
Te gusta ver cómo palpitan ellas, después de haber visto cómo palpitaban
ellos. Eso te pone cachondo. ¡Ruin,
enmascarado, energúmeno!¹⁵

La paciencia del comandante ya se está acabando. Y,
al ver que la palabra mandándole callar no surte efecto,
lleva la mano a la funda de la pistola que tiene al lado
de la cama. "Mameluco, sabandija, sátrapa, cienpies...
...", prosigue la infame al tiempo en que él saca el arma y dispara cuatro tiros, teniendo cuidado de no darle, pero haciendo que las balas pasasen cerca para que
el miedo la acorralase.

La vió ablandada y sumisa en un rincón,
aterida, como si se muriera de frío. La
vió con el único ojo que le quedaba, como
se iba cayendo contra la pared, en el
rincón. La boca le temblaba. La mano
le bajaba desde el seno a la pelvis. Echó
la pistola sobre la cama. Saltó del lecho y fue acercándose a ella. Su piel
parecía erizada, de gallina. Empezó a
abofetearla con toda su fuerza. La em-
prendió a patadas y golpes contra ella,
que más tarde lanzó un prolongado y estre-
mecido singulgo, que afloró como si nacie-
ra de las raíces más profundas de su alma.
—Puerca, mala perra, idiota, me sacas de

15   Ibidem, p. 153.

quicio. No puedo más -dijo de pronto,
abrazándola.[16]

Sin embargo aquel hombre que tan cruel se mostraba
en su vida privada y parecía indiferente e insensible
cuando mandaba fusilar a prisioneros, también tenía buenas entrañas. Era, en efecto, un ser capaz de pensamientos nobles, de sentir gran compasión y ternura por
el que padece, especialmente por sus soldados. Meses
después de los episodios narrados, recibe la orden de
trasladarse con su batallón a otra parte del frente mucho más movida, donde se estaban librando grandes combates que iban a decidir la suerte de la contienda. Iba
justamente a primera fila como a él le gustaba.

En un momento de reposo llama al puesto de mando
al alférez Rius y conversa con él un rato. Estaba tranquilo, sereno. Era un ser totalmente humanizado y hablaba moderadamente. Parecía un hombre diferente del
león de otras veces. Era de noche y aquel lugar donde
se guarecía el mando, estaba iluminado por una luz tenue de acetileno "que daba a los rostros una opacidad
amarillenta como la de los cadáveres." El comandante, a
la luz de la lámpara, con la cabeza calva, el parcho negro en el hueco del ojo desaparecido y los rasguños de
un nuevo balazo muy reciente aún, "parecía la máscara de
un aparecido." Pero todo ello hacía acrecentar la vida,
la vivacidad del único ojo que le quedaba.

Fijándose en él Rius observó que aquel hombre de-
bió de haber sido buen mozo antes de sufrir todos los
contronazos que la guerra o guerras le depararon. Ahora
todo su espíritu, toda su alma, se manifestaba por aquel
ojo "oblongo, oscuro, luminoso, expresivo; al mirar fijamente tenía fulgores de inteligencia." Cuando no bebía
y si se observaba solo aquel ojo "se podía advertir la
gracia y señorío que ornaban la personalidad del militar."

Hace entrega al alférez de una carta que llegó para él y quiso entregársela personalmente para charlar
un rato con el joven oficial. La carta era de quien menos esperaba, de Pepa Cortina, y en ella le alentaba y
le levantaba el espíritu de soldado en campaña, abandonado a los peligros de la guerra. Después de leerla con
el permiso del jefe, sigue la conversación entre los dos
hombres que discurre sobre los sufrimientos de la gue-

16 Ibidem, p. 154.

rra. Don Policarpo confesó que lo único que le atemorizaba era el dolor y por supuesto se refería al dolor ajeno. El dolor propio siempre lo había despreciado. Recordaba, como haciendo un recuento de los episodios de su vida, el dolor almacenado en las salas de los hospitales de guerra. La gran cantidad de hombres poco antes sanos y fuertes, convertidos en pura llaga. A veces se les adivinaba donde estaba la boca solamente por el alarido que de ella salía. Compadecía vivamente a estos seres y a las madres que parieron a tales hijos y esperaban ansiosas y con lágrimas su regreso, en la retaguardia.

Cuando comtemplaba la cantidad de lágrimas que costaba la guerra "entonces, decía, se me pone la carne de gallina y preferiría morir. Es muy distinto el aspecto que tienen los héroes cuando los leemos en los libros, al que tienen en la realidad. Y es aquí donde se ven. Aquí se ve la cantidad de sangre y de pus que tiene cualquier página de la historia."

Un soldado se acerca y les sirve café. A lo lejos se sienten las balas de fusil, las ráfagas de ametralladora y la explosión de la metralla. Después de un silen cio meditabundo, el comandante prosigue sus consideraciones mientras saborea el café caliente:

Vemos el aspecto que tiene el campo de
batalla y llega a sernos indiferente.
Sí, vea más allá. Se están zurciendo
a tiros: están explotando las granadas
una tras otra... A nosotros que estamos
aquí tomando café, ¿qué nos importa?
Parece que lo que cuenta en la guerra
es cada uno. Pero entretanto, allá abajo
están cayendo los muchachos y cada una
de las explosiones tiene su séquito individual de sangre y de muerte. Para
aquel a quien le da, es más importante
aquel suceso que toda la batalla y aún
que toda la guerra junta. Un solo cas-
co de metralla vale para él más que todas
las bombas que se han lanzado y las que
se lanzarán hasta el fin de la guerra.
Por eso la victoria la tendrá el que sea
capaz de sublimar el dolor de todos. Sí,
el dolor de los rojos y el dolor de los
blancos. Quien se levante al final a
resumir el dolor que todos hemos sentido,

los de un bando y los de otro, habrá
ganado la guerra. Querido alférez, yo
no sé si sabe usted que, al final, la
victoria es de las madres... Ellas
ganan siempre.[17]

Todas estas consideraciones tan sentidas y bien
hiladas parecían como el preludio de la muerte de aquel
viejo soldado, prototipo de muchos de su raza, quijotesco, esforzado hasta despreciar el peligro y la propia
vida, noble y honrado por una parte, vicioso, mujerie-
go, agrio de carácter por la otra. Hombre de extremos
en el que encontraban asiento y se equilibraban la virtud más encomiable y el vicio más humillante.

Una noche, cuando se hacían los preparativos para
lanzar un formidable asalto por sorpresa contra las po-
siciones enemigas, el comandante se agazapa de posición
en posición dando órdenes, alentando a los soldados,
mientras un asistente suyo ofrecía una copa de coñac a
cada uno. La noche "perduraba llena de presagios de
lucha y de interrogaciones. El ojo del comandante parecía brillar como una luciérnaga en la oscuridad."
Llevaba en el bolsillo un paquete de estampas de la
Virgen de la Merced y en aquella hora de ansia para todos, la final para muchos, iba poniendo en la mano de
cada oficial y soldado a sus órdenes una de ellas.
Constituye esto un gesto maternal y sublime a la vez,
de soldado religioso, delicado y con entrañas, que mi-
de el peligro de su gente y la conforta con los consue-
los más elocuentes a aquella hora, los de la religión.
Al tocarle el turno a Rius le dice:

La Virgen de la Merced, patrona de Barcelona, su tierra, en donde ahora me
gustaría estar. Ella nos llevará adelante. Ella es más sabia que la arti-
llería. Alférez Rius, ha llegado la
hora en que demostraremos quienes somos
y como los tenemos bien puestos. Rece
ahora un avemaría a la Virgen y no pien-
se en nada más que en vencer.[18]

En el curso de esta lucha feroz, de la barahúnda
incontenible de esta batalla, cuando cesan los estruen-

---

17 Ibidem, p. 271.
18 Ibidem, p. 341.

dos de las bombas y el silbido de las balas para hacer uso de la bayoneta, en una sangrienta lucha cuerpo a cuerpo que el propio don Policarpo había mandado, empuña éste su pistola y se pone en pie mientras todos avanzaban sobre montones de cadáveres y heridos sin recoger, abandonados.

Momentos más tarde, cuando empieza a amanecer y la lucha ha cedido, Carlos Rius observa a uno de los muertos. Era el de un soldado del otro bando que llevaba en la mano una bayoneta teñida en sangre. Su cadáver se apoya sobre el cuerpo de un oficial. Era el del jefe de Rius, el comandante Ordóñez. Tenía el vientre perforado por aquella bayoneta y de la herida que le produjo brotaba aún gran cantidad de sangre. "El ojo abierto del comandante Ordóñez le estaba mirando con una voluntad inmovil, con una fijeza inexpresiva." Al rededor del combatiente no había más que escombros, muerte, destrucción, pertrechos de guerra, papeles del mando, pero entre todo aquello "lo que parecía que aún estuviera viviendo era aquel ojo único, contumaz, que le miraba fijamente,"19

Los nacionales habían logrado la victoria y el día que acababa de inaugurarse con un sol brillante en un cielo azul espléndido, prometía ser un merecido día de descanso, de quietud, sin el peligro de un nuevo combate. Pero para Rius la victoria se le había aguado con la muerte del comandante.

> Ya no vería más aquel ojo siniestro, aquel ojo que era como un constante reproche, un ojo maldito. Aquel ojo que era una especie de símbolo de todo lo divino y humano: un símbolo del bien y del mal, de la inquietud y de la templanza, de la lujuria y de la continencia. Un ojo como el del diablo o el de Dios, que lo veía todo y que todo podía aprehenderlo. Mientras ascendía por la loma intentaba sacudirse la impresiónde aquel ojo perennemente insomne.20

Había en su batallón un fraile que vió en la guerra una especie de cruzada, de guerra santa, y dejó la quietud del convento para hacerse combatiente. Tenía

---

19 Ibidem, p. 352
20 Ibidem, 353.

57

el grado de capitán y le llamaban el capitán fraile.
Por este militar se supo como el Comandante había dispuesto las cosas para su muerte. Había pedido que se
le enterrase en el mismo sitio donde cayera muerto. Pre-
sintiendo que este momento ya se acercaba, lo había dispuesto todo para bien morir con la misma precisión que
la del enfermo que yace en el lecho de muerte y está
consciente de todo. Y murió en paz en decir del capitán fraile.

Se observó pronto que era muy querido a pesar de
su lado desagradable. El hombre es una mezclade virtud
y vicio. Lo que queda después de restar un elemento
del otro eso es lo que verdaderamente vale el hombre,
cada hombre en particular. Y el oficial, relevante en
ambos elementos, arrojó un peso mayor de virtud que de
vicio. Al menos su valor temerario, buen trato y compasión del soldado, religiosidad acendrada, el sentido
del honor y otras virtudes, oscurecieron sus vicios y
bajezas. Todos los que le conocían sintieron mucho su
muerte. Carlos Rius se admiraba de que "aquel hombre,
casi risible durante su vida, dejara a su muerte un séquito tan auténtico de conmiseración y de dolor."

A mi juicio el comandante constituye uno de los mejores logros entre las creaturas aportadas por Agustí a
esta novela. Se convierte en uno de esos tipos que se
hacen inolvodables porque ellos sugieren recuerdos vividos en una o en otra época de nuestras vidas. El realismo que lo anima es contundente. No se trata solamente de lo que pueda proporcionar al lector como recuerdo
de situaciones semejantes, sino que, al examinar en detalle los pormenores de la vida del héroe, parecen ofrecernos fórmulas especiales para comprender las complicadas acciones del elemento humano y darles una interpretación más benévola. Por una parte fuerzan a la com-
prensión y al perdón; por la otra alientan en el camino
del honor, de la virtud, de la humanidad.

Más tarde aparecerá otro jefe, del cual se nos dice poco. Es el comandante Santelmo. Parece ser de academia, aunque Agustí tampoco nos lo dice. Es pulido y
muy cortés, tan valiente como el anterior y dotado de
las mismas dotes militares, pero más fino en su trato
y ademanes, muy humano y virtuoso. Es el prototipo del
caballero tradicional español, romántico, quijotesco y
chapado a la antigua por lo que toca a las consabidas
virtudes atribuidas a la espada y a la cruz. En él ambas se dan cita. Cuando luchaba gritaba como un loco

ébrio de verdad y de patriotismo. Cuando oraba "parecía uno de los santos del Greco: largo, macilento, pálido y con las largas manos extendidas y juntas, no difería de las creaciones del pintor toledano más que por la presencia en su rostro del decimonónico monóculo, que le daba cierto aspecto de viejo verde de music-hall en la hora de la tarde del 'resopón' nocturno."

A pesar de todo, si cotejamos ambas figuras, la del primero, es decir, la del Comandante Ordóñez, se nos antoja mucho más simpática y atrayente porque es más humana y real.

* * *

El viejo Rius sigue haciendo vida solitaria, confinado a escondrijos y condenado a vivir siempre con el alma al cuello por el temor a ser delatado e ir a parar a la cárcel o al cementerio. La ciudad de Barcelona se ha convertido en un esqueleto tétrico manejado por el terror y la anarquía. La escasez de alimentos más necesarios plantea una situación intolerable. Amparado por la bondadosa Rita Arquer tiene techo bajo el que cubijarse y los alimentos indispensables, que esta mujer puede conseguir sorteando toda clase de dificultades comprometedoras. En las largas jornadas de vida solitaria, invitantes a la meditación, su bondad se perfila y se mistifica cada vez más y más. Perdona a todos y se siente culpable cuando recibe reproches de los sobrinos. Cree que la guerra es justa y necesaria. Confía en el porvenir, en que todo vuelva a su orden.

Entretanto Desiderio, el hijo, hacía su vida en París. Algunos le tachaban de rojo por las amistades que tenía del lado de la República, pero en realidad no era nada más que un simple egoista. Pensaba en sí y en sus intereses y por lo demás no haría ni el más mínimo esfuerzo ni sacrificio. Al fin "la cuestión de España, se decía, no tenía remedio." Y aquello iba a durar más de lo que se sospechaba.

La ayuda del gobierno francés es absoluta, repetía. No dejarán que Franco gane. Tenemos que llegar a la conclusión de que esto no es una sublevación, sino una guerra, una guerra civil y muy complicada. Probablemente será larga; tan larga como

tarde el gobierno en adueñarse otra vez
del poder y en poner las cosas en su
sitio.[21]

De momento se entretenía en aquella ciudad en que
"las muchachas esbeltas modulaban con su paso por las
aceras la eterna canción de la vida." Y bebía whisky,
mucho whisky. Cuando Carlos le visitó, encontraba todas las mañanas una botella de este licor casi vacía en
su habitación. Un día le preguntó: "Papá, ¿por qué be-
bes tanto? - ¿Por qué? -contestó. Te diré: hay gente
que se droga, hay gente que va a misa, hay gente que
tiene una fulana, hay gente que se pega un tiro. Yo be-
bo. ¿Te parece mal?" A esto y a la compañía de una dama francesa que en otro lugar se nos menciona, se redu-
cía el pasatiempo rutinario de su vida de exilado rico,
ya que había podido sacar dinero suficiente para soste-
ner su acostumbrado standard de vida.

Años antes se había entretenido con otras mujeres
y ello hizo que su esposa tomase revancha en la misma
medida. Desde aquellos tempranos días en que tales cosas ocurrieron, la vida familiar había desaparecido.
Al aludir a la esposa decía: "Vive para sí misma, vive
a su modo. Es como una planta, un cacto hermoso. No
necesita que lo rieguen. Pero pincha."

En efecto, Crista Rius, vivía y se bandeaba admi-
rablemente en la zona de Franco, en San Sebastián, la
ciudad del lujo. La realidad sangrante, trágica, en
que se encontraba, le resbalaba por encima de la piel.
Sacaba partido de su condición de refugiada rica e influyente.

En efecto esta revolución le había venido a ella al pelo. Le había permiti-
do en un santiamén rehacerse moralmente, volver a emprender la senda de la
virtud y del decoro, que llevaba un
tiempo algo extraviado, y adquirir,
cuando ya estaba a punto de perderla,
la noción de su dignidad y de sus deberes para con la patria y con los demás.[22]

Era miembro de varias asociaciones de nombres re-
lumbrantes y reservadas casi para los ricos... Frentes

---

21 Ibidem, p. 21.
22 Ibidem, p. 35.

y Hospitales, Patronato Local de la Cruz Roja y Cofradía de la Virgen de Aránzazu, todas ellas de carácter benéfico-social. Su amparo moral, al verse privada de la familia, lo constituía el coronel del cuerpo jurídico don Oscar Andrade, su gran amigo y consejero. Tampoco se nos dice mucho de este asunto pero se me antoja poder leer entrelíneas que se las entendía con este individuo y que su vida, aunque de una manera más encubierta, tampoco era ahora muy edificante. Sin duda no se sentía tan abúlica como su esposo. Ella creía en la causa nacional y estaba haciendo algo por la misma aunque todo iba marcado con el sello de la egolatría; halagar su orgullo era antes que nada, lo primordial. El coronel quería mantenerla apartada del marido en caso de que se le ocurriera hacer algún contacto con él; la excusa era el rumor de que Desiderio ayudaba a las izquierdas. Le decía:

> Deja a tu marido, Crista, déjale que viva
> su vida. No te haría ningún favor un con-
> tacto con él en estos momentos. Ha firma-
> do un manifiesto antifascista con Picasso
> y otros. Comprendo tus sentimientos, pe-
> ro no quieras ser abnegada por él. Lo
> importante, que es tu hijo, lo tienes ya
> a tu lado. ¿No es así?[23]

La guerra, a la par que ha servido de medio para que algunos individuos antisociales pudieran saciar sus instintos criminales, llevar a cabo impugnemente denigrantes venganzas personales y dar rienda suelta a sus vicios, como una válvula de escape que se abre para poner en libertad pasiones contenidas por mucho tiempo y a gran presión, también ha acrecentado las más altas cualidades morales del ser humano. Ha hecho brillar las virtudes más acrisoladas y ha producido, en resumen, héroes y santos. Y en cuanto a estos últimos, no exactamente de los ascetas o místicos; de los que, tras una vida austera y disciplinada de rezos y vigilias, pasan a los altares, sino de otros santos más prácticos, batalladores y trabuqueros, que trabajan demoledoramente asumiendo grandes riesgos y mucho más en favor del prójimo que de sus intereses particulares.

Podemos incluir en esta lista, sin suprimir la denominación de "santo", a algunos de los personajes novelados que son o se dicen ateos. Aunque no oran, pa-

---

23 Idem.

radógicamente todos sus actos son como una constante y
viva oración; aunque dicen no creer en Dios, están
constantemente sirviéndole en su prójimo. Esta parece
ser la adecuada interpretación de las intenciones de
Agustí, quien no predica ni moraliza, pero nos ofrece
personajes y hechos para que nosotros saquemos las conclusiones debidas.

Tres ejemplos principales de tales elementos se
nos ofrecen en la novela. Cada uno es por su estilo,
pero todos coinciden en la heroica aportación de su
trabajo y sacrificios desinteresados por el bien de los
demás, ya sea en favor de individuos particulares, ya
en favor del individuo colectivo que se llama "patria".
De este carácter participan los estudiados Carlos Rius
y Miguel Llovet. Pero a ellos hay que añadir los nombres de Matías Palá, de derechas e indiferente en asuntos de religión, aunque en sus últimos momentos termina orando y confesándose: Rita Arquer, muy de iglesia
y por consiguiente de derechas, trabajadora oculta en
el campo enemigo: y finalmente Borradás, ateo, republicano y totalmente entregado a la causa de su partido
que es el socialista de tintes comunistas. En él ve
la redención de España y el pan de todos los que ahora
no lo tienen. No vacila en poner en juego, no solo todas sus influencias y propiedades sino también su persona y vida.

Echemos una ojeada a cada uno de ellos. Empece-
mos por Matías Palá. Ya hemos establecido una semblan-
za de este individuo, sombrío en gran parte e introver-
tido. Toda su familia se reduce a su sobrina Blanca,
joven y soltera, bella, virtuosa y desgraciada -trilo-
gía romántica. Piensa en ella con afecto paternal que
a veces se convierte en desvelos de un enamorado ligeramente romántico, ya que es mayor y nada espera de
ella. Trata de saber siempre su paradero y favorecer-
la en medio del inestable hormigueo de la campaña.

Su figura se va convirtiendo poco a poco y con escasa premeditación, en un héroe formidable y anónimo.
Sus móviles son dobles, por una parte es el sentido patriótico como el que anima a todos los otros. Por la
otra existe el de tipo personal, el de perseguir a la
sobrina para ayudarla si lo necesita y amarla.

Pero sin alardes ni palabrería innecesaria acepta
la comisión de pasarse a los rojos y volver precisamente a su ciudad natal de Barcelona, para efectuar ope-

raciones de espionaje a gran escala. Se compromete a
llevar a cabo el plan encomendado, a conciencia y a
sabiendas del grave riesgo a que se expone, incluso de
perder la vida. El coronel Ungría le advierte al explicarle el objetivo que la misión es arriesgada. "Para ello habría que contar otra vez con el auxilio del
Dios de las batallas", le dice. Y a pesar de todo lo
que ponía en la balanza, de todo lo que se jugaba, del
subido riesgo a que se aventuraba, las probabilidades
de que la misión tuviera éxito y resultara en beneficio de la causa nacional, eran mínimas. Era poco menos
que una misión imposible. Una de las mayores dificultades estaba en establecer contactos.

> Hay una probabilidad entre ciento de
> que conteste, le dice el coronel. Y
> media probabilidad entre ciento a que
> le llame y pueda hablar con él. Una
> entre mil a que entre usted en su cír-
> culo. Y por esa una entre mil nos
> atrevemos a jugar esta carta.[24]

No obstante Palá da su conformidad al plan sin va-
cilar, mientras en su mente se arremolinan números de
teléfono, claves ocultas que debe de recordar, cifras,
consignas, noticias e imágenes de fuego, muerte y destrucción. Pasan las semanas y su misión empieza a co-
brar cuerpo. Las primeras dificultades fueron vencidas
y ya se encuentra en Barcelona. En su vida solitaria
y anónima rememora lo que lleva de campaña y las limitaciones actuales que la misión le impone, además de
las normales de una Barcelona en tiempo de guerra.

> Había cruzado otra vez media España,
> con escalas en los hospitales, en
> las trincheras, en los campos de con-
> centración, para convertirse de nuevo
> en un ser apógrifo, en un elemento
> clandestino que ignoraba su misión y
> que se disponía a recibir órdenes
> confusas de otro elemento desconocido
> en un banco de piedra de una plaza
> barcelonesa. Antes había hecho la gue-
> rra. Ahora estaba a merced de la gue-
> rra. Como los demás, como todos los
> demás.[25]

---

24 Ibidem, p. 19.
25 Ibidem, p. 86.

Un poco más tarde siente la satisfacción de que el plan trabaja, sus esfuerzos no serán inútiles y los mensajes llegarán a la otra zona. Pero cuando empezaba a saborear el regocijo de estos triunfos, que a nadie podía comunicar, uno de sus misteriosos colaboradores fue descubierto y la madeja se desenreda, a pesar de que nadie declara ni perjudica a los compañeros.

Al fin es apresado y sometido a la tortura de las checas, a interrogatorios largos, interminables y siempre a altas horas de la noche, privándole del descanso indispensable y apabullándole los nervios.

El régimen de su encarcelamiento era demoledor. El éxito de su internamiento estaba en el control riguroso, feroz de sus horas de sueño. Los primeros días éstas no fueron más de cuatro seguidas; después de ellas un carcelero entraba, le sacudía por los hombros y le hacía salir con el pretexto de una declaración, o simplemente para ir a dar unas vueltas por el patio. Ahora las horas de sueño toleradas eran dos. Después de ellas era llevado al interrogatorio, que duraba a veces cinco o más horas. A continuación era internado de nuevo, y al cabo de otras dos horas vuelto a sacar, para seguir con las preguntas. Quien le interrogaba era siempre distinto, de modo que a veces se veía obligado a repetir una misma cuestión varias veces hasta en sus mínimos detalles.................
....
Abrumado por la variedad de las preguntas, por las pocas horas de sueño, por la luz destellante, aturdidora, que iluminaba la sala donde era interrogado y por la fijeza de los ojos del juez, Matías Palá incurría frecuentemente en contradicciones y el juez, con suma habilidad, volvía sobre el asunto y le patentizaba la incoherencia de algunas de sus afirmaciones. Matías Palá hacía lo posible por salir del embrollo, sin conseguirlo. Entonces el juez cerraba de pronto con un aire de satisfacción el extenso mamotreto de papel de barba que tenía ante los ojos y concluía. -Bien. Por esta vez es bas-

tante. Vamos progresando.[26]

Y al llegar a este punto de su vida es cuando sus acciones, más que en ninguna otra ocasión, se convierten en heroicas al aceptar los hechos del día, las crueldades a que es sometido a cada hora, como una contribución total y anónima a la causa de la patria. Sus pensamientos se subliman, se mistifican. Pensaba en que

> los diseños de los planos que habían llegado al otro lado en algo justificarían los esfuerzos realizados. Quizá de su gestión se dedujera una mayor brevedad de los días de la guerra, quizá su traslado a zona republicana significara un acortamiento de los días de lucha, el ahorro de la sangre de los soldados, una economía de dolor. Si era así lo daba todo por bien empleado.[27]

El juez que se nos describe como hombre jovial y amigo de hacer bromas, las que ahora gasta a los presos son de todo punto inaceptables y diríase que deliberadamente destinadas a infundir miedo a los valientes y pánico a los pusilánimes. "Usted tiene todas las de ganar, les decía. Sabe que no le puede pasar nada, porque después de este proceso irá usted directamente al cielo. Lo pesado será para nosotros, los que tenemos que quedarnos aquí."[28]

Indudablemente aquello era un escándalo legal, en el que la tortura, el insomnio terrible y agotador, los lavados de cerebro, los prolongados y abrumadores interrogatorios, convertían al más fuerte en un ser totalmente manejable y abúlico. Pero al fin se guardaban las apariencias de juicio formal aunque todo fuese una farsa macabra. En las dos Españas hubo muchos casos en que se ejecutaba a los culpables sin proceso de ninguna especie y las ejecuciones eran fulminantes.

El epílogo de tan ruidoso proceso fue el previsto desde el primer momento. Matías Palá fue condenado a muerte junto con otros muchos entre los que figuraban dos mujeres. Todos los sentenciados fueron llevados

---

26 Ibidem, p. 294.
27 Ibidem, p. 293.
28 Ibidem, p. 319.

al histórico castillo de Montjuich y encerrados en celdas de dos en dos, donde esperaban turno para ser eje-
cutados. Las ejecuciones se efectuaban precisamente
junto a la ventana de Palá, quien escuchaba día a día
las descargas y de vez en cuando algunos alaridos.

Mucho tiempo pasó Matías torturado con la incerti-
dumbre de cuando le tocaría el turno. Los presos, entretanto, establecieron un medio de comunicación por medio de golpecitos en las paredes. Supo de esta forma
que los de Franco seguían avanzando, pronto entrarían
en Barcelona y ganarían la guerra. Todos estaban sa-
tisfechos por esto y daban por bien empleados sus esfuerzos, pero ahora más que nunca querían vivir para
ver el fruto de los mismos. No obstante, por mucho que
soñaran, tal suerte sería imposible. Aquellos esbirros
seguían implacablemente los fusilamientos día a día.
Matías se acostumbró a esperar la muerte sin temor. Se
consolaba pensando que había cumplido con su deber y estaba listo para presentarse ante el pelotón de fusilamientos cuando se le llamase. Lo único que no permiti-
ría es que le vendasen los ojos. Quería morir consciente de todo.

La religión que de niño le inculcaron y practicó,
había dejado de influir en su vida desde tiempo atrás.
Incluso la fe de cristiano estaba adormecida y llena de
dudas. Pero ahora empezaban a resucitar esas viejas
creencias y a constituir para él una fuerza consolado-
ra. Empezaba a comprender el significado de un proceso
auténticamente espiritual. Pero los días pasaban y nada cambiaba para él. Hacía tiempo que debía ser fusilado. Casi todos los compañeros habían desaparecido. Y
él todavía estaba allí de una manera inexplicable, pal-
pando la trágica rutina.

Todos los días de madrugada, escuchaba
el estampido de los disparos del pelotón de ejecuciones. Era un estampido
seco que resonaba largamente por todo
el ámbito de la prisión, que rebotaba
en los gruesos muros de piedra. Luego,
a veces, se escuchaba un largo gemido,
que acababa cuando otro disparo más
solitario y seco, venía a sorprender
el aire. Así un día y otro día iban
siendo inmolados los habitantes de
aquella prisión, jóvenes y viejos,
sin interrupción y sin piedad. Veía

a veces cómo pasaban frente a la miri-
lla de su celda los que iban a ser sa-
crificados. Unos iban enteros, pisan-
do con firmeza el empedrado, sin miedo
y con jactancia. Otros parecía que no
pudieran avanzar, y lo hacían empujados
por los carceleros, que les hacían arras-
trar los pies y los llevaban, quisieran
o no, a los fosos del castillo. Pero
casi todos morían con una gran entereza.[29]

Llegó al fin el día de la entrada de las tropas de
Franco en Barcelona y a Matías "le entraron de nuevo ganas estruendosas de vivir, de no morir entonces y sintió haber desaprovechado en vida el cúmulo de goces que
se brindaban a los hombres cada amanecer."[30]

Pero las cosas no sucedieron así. Los sacaron pre-
cipitadamente, atados de dos en dos, y los condujeron a
unos camiones que empezaron a rodar por carreteras pol-
vorientas. No reconocían el camino pero se imaginaban
que iban hacia la frontera de Francia. El compañero
con el que le tocó ir manietado era el obispo de Teruel,
Monseñor Polanco, personaje real que luchó encerrado en
el seminario de aquella ciudad, juntamente con el coronel Rey d'Harcourt,contra la avalancha de tropas repu-
blicanas que terminaron por entrar en la ciudad.[31]

Oró y se confesó con este eclesiástico. Al llegar
a un punto se detiene la caravana. Se les ordena bajar
de los camiones y son conducidos por las veredas de un
bosque que da a la carretera. El Sr. Obispo pronto re-
conoció un edificio cercano. Era el santuario de Nuestra Señora de Collell, dependiente del seminario de Ge-
rona. Al acercarse al edificio, vieron en una explanada una gran fosa. Allí tuvo lugar la inmolación.

Todos ellos eran conducidos a golpes
hasta el extremo de la explanada.
Allí vieron que todo a lo largo de
ella había abierta en el bosque una
gran fosa.........................

---

29 Ibidem, p. 467.
30 Ibidem, p. 468.
31 La guerra española de 1936, Gunther Dahms, H., tra-
ducida del alemán, 1966. Ediciones Rialp, S.A. Madrid. Véanse páginas 311 y siguientes.

. . . .
Algunos presos se habían puesto a mi-
rar en dirección a uno de los lados
del edificio del santuario. En él
se veían dos ametralladoras apostadas.
Matías Palá notó que la cabeza empezaba a darle vueltas. Sintió un esca-
lofrío. El obispo de Teruel empezaba
a entonar versículos de un Salmo:
Apiádate de mi, oh Dios, según tus
piedades. . . . .
. . . .
Y en aquel momento sonó una ráfaga pro-
longada. La mayoría de los presos do-
blaron sus cuerpos. Otros intentaron
huir. En mitad de los grupos manchados
de sangre se oían estertores, gritos,
un ¡ay! prolongado... El obispo de Teruel había caído al suelo sin que Matías
pudiera sostenerlo. Pero de sus labios
aún parecía escaparse una voz. . . . .
. . . .
Sonó otra descarga, más prolongada. Ma-
tías notó que una masa de plomo le entraba por el pecho y le quedaba fija cerca del corazón. Cayó al suelo. El obispo y él habían caído casi juntos. Su
cabeza estaba muy cerca de la de monseñor
Polanco. . . . .
Matías se durmió cara al sol de la tarde,
que lanzaba a lo lejos sus borbotones de
oro. Por el cielo, azul y cárdeno, cru-
zaban unas nubecillas voladoras. Parecía
escucharse una música muy honda, como un
coro de violines en la altura. Pasaron
los carceleros, pistola en mano, escarban-
do entre los muertos, dispuestos a rema-
tarlos. A algunos les dieron el tiro de
gracia. Al obispo y a Matías Palá los
dejaron en paz.[32]

Es de advertir que este personaje, lo mismo que
Borradás y otros que luego analizaremos, están dotados
de una templanza a toda prueba, de unos nervios y de
una serenidad admirables. Son seres inalterables, re-
flexivos, siempre compuestos, aún en los momentos de
mayor riesgo de sus vidas. En ellos la cabeza impera

---

32 Agustí, opus cit., pp. 479-80.

sobre el corazón. No parecen apasionados por nada ni emotivos como el español de cualquier latitud. Cálculo, frialdad, premeditación, madurez, es lo que los distingue, a pesar de que estas cualidades no son exactamente las predominantes en el pueblo español.

El próximo que vamos a analizar es Rita Arquer. Eh aquí un personaje eminentemente galdosiano, que Agustí parece haber creado, con su abrumadora realidad, para transmitir el mismo mensaje que Galdós recalcó al sacar a luz a la brabucona doña Guillermina, la santa, como le llama repetidas veces en Fortunata y Jacinta.[33]

Ambas mujeres, la de Galdós y la de Agustí, son abnegadas, sacrificadas por los demás, luchadoras, incansables, buenas cristianas, enérgicas y hacen gala de un lenguaje atrevido y desafiante cuando lo juzgan necesario para lograr sus fines. Diríase que no tienen pelos en la lengua para cantárselas al más pintado. También se valen de mañas curiosas, de habilidades casi picarescas, para conseguir lo que pretenden, lo cual siempre redunda en el bien de los demás, especialmente los necesitados. Su fórmula consabida es simplística: el fin justifica los medios y como ese fin es sobradamente honesto y evangélico, no se andan con escrúpulos en cuanto a los medios.

Al lado de una y otra aparecen monjas. En la de Galdós son las Micaelas. En la de Agustí son dos religiosas refugiadas, obligadas a vivir escondidas bajo su protección. Pero estas mujeres, las dos heroínas literarias que tratamos de comparar, de virtud acrisolada por una parte y trabuqueras, desenfadadas, super-activas por la otra, como si esto último fuese el atuendo de su verdadera virtud, parecen destinadas a comunicarnos el mismo mensaje: que el evangelio, cuando se trata de pobres y miserias, no se aviene con una actitud orante y meramente ascética. Debe trasformarse en caridad efectiva y en acción, sin reparar en sacrificios propios.

El carácter, temperamento, interpretación de la caridad cristiana, intensidad de trabajo, desenvoltura de palabra y manera de seleccionar los medios para obtener el fin, siempre aleccionador, es totalmente idéntico en ambas mujeres. Diríase que la de Agustí es un

---

33 Librería y Casa Edit. Hernando, S.A., Madrid, 1968.

remedo de la doña Guillermina de Galdós. La única diferencia que las separa es la circunstancia de la guerra. La de Galdós monta el tinglado de su caridad en tiempos de paz, en una época completamente normal en la que hay como siempre pobres, ricos y pura miseria. Siente vocación y se entrega en cuerpo y alma al bien de los demás pero bajo una forma nueva, desvinculada de la tradicional, que siendo poco ortodoxa, prueba ser altamente práctica.

La de Agustí hace lo mismo pero sólo porque la guerra le proporciona esta oportunidad. Esta conjetura la acerca a ella misma, a la miseria y trae las miserias de los demás a sus puertas. Y su reacción no se hace esperar: se entrega de lleno a las obras de beneficencia. Pero si no existiese tal campaña, Rita Arquer sería indudablemente un ser bueno, honesto, servicial, caritativo, pero nunca llegaría a la acción efervescente y heroica que ahora la distingue.

Tal cual nos la presenta su creador, Rita Arquer, al toparse con los desaguisados que la guerra provocó, se multiplica, se desborda exhaustivamente para remediar necesidades y ayudar al que está en peligro. "Sus pasos y gestiones abarcan los cuatro puntos cardinales ... la gama de sus proveedores y confidentes era muy variada." Entre ellos hay de todo como en cajón de sastre. Hay payeses, sacristanes, seminaristas, comerciantes y almacenistas, funcionarios retirados, beatas y gente de iglesia, guardias civiles y en fin, gentes pertenecientes "a las más diversas zonas del emjambre social." Su misión como queda explicado era socorrer y ocultar al que se veía en serio peligro, dadas las circunstancias.

> Tenía arrestos y organización para hacer
> lo que fuera: facilitar un aval falso
> de la CNT, procurar un guía de confian-
> za para llevar gente al Perthus, acarrear
> un saco de patatas o facilitar los datos
> verídicos del último parte de guerra.
> Todo ello lo había conseguido Rita des-
> de los primeros días de la revolución
> mediante una tenaz y entusiasta dinámi-
> ca maniobrera. Sus sinuosidades dialéc-
> ticas eran portentosas. A golpe de me-
> dias frases, de insinuaciones, de escar-
> ceos persuasivos, lograba determinar con
> rapidez si un tipo cualquiera era capaz

de rendir un servicio, ya fuera por
ideal o por dinero................
....
Su primera providencia era siempre una
promesa. Otras veces empezaba su labor
de contacto con una lamentación: "Que
tiempos aquellos!...No sé por qué tenemos que pasar estas calamidades. ¿Para
qué?" Había muchos que no respondían
a este cable tendido; pero otros, en
cambio, enhebraban el diálogo: "Y que
lo diga, señora. Esto ya dura demasiado." Ella atacaba entonces a fondo.
"A propósito, ¿es verdad lo que se dice
del frente de Madrid?" Y añadía, para
avanzar más en el camino de las capta-
ciones, bajando la voz, "Me ha dicho un
amigo de toda confianza que han llegado
al frente dos brigadas de Regulares y
que pronto va a empezar allí el gran
baile." Si el otro no picaba, se apre-
suraba a añadir: "Claro que no siempre
es verdad todo lo que se dice."[34]

Esta mujer conducía todas sus actividades en plena calle. Se hacía con comida, regateaba para obtener-
la más barata, la acarreaba por las plazas y avenidas
a veces empujando un carrito de mano miserable que le
prestaban y luego la distribuía en los escondrijos donde sabía que estaban escondidos los perseguidos por el
nuevo régimen.

Había que proveer y alentar a toda
aquella gente. Día a día ella venía
haciendo lo uno y lo otro. Aquella
gente vivía repartida en alcobas de
atrás del viejo principal, mientras
la parte delantera estaba reservada
para Rita y su dueña.[35]

La dueña que se menciona aquí era doña Evelina To-
rra, dama rica, anciana y solitaria, cubana de naciona-
lidad, de la que hemos explicado algunos pormenores de
su vida y fallecimiento en otro lugar. También esta señora, sin otra persecución que la de sus propios años,
dependía totalmente de ella. En cuanto a toda aquella

_____

34 Agustí, opus cit., p. 68.
35 Ibidem, p. 69.

gente que vivía en su casa, ella ni lo consintió ni se opuso, ni siquiera se había dado cuenta. Tal era el estado a que los años la habían reducido. Es Rita la que se encarga de ocultar a aquellos elementos sin preocuparse para nada de la dueña de la casa. Es tiempo de guerra y aquellas son emergencias en las que se juega la vida de aquellos individuos. Y no hay para que pensar más; el fin justifica los medios.

En lo físico era esta señorita "una mujer erecta, angulosa, de rasgos agudos y casi viriles. La nariz aguileña reposaba sobre una faz morena, con unos labios finos. Sos ojos parecían disparar chispas... el tiempo únicamente había puesto en las sienes y en el pelo una sutil urdimbre gris."[36] Ella era el nervio, el corazón, el centro ejecutivo de aquella casa, morada de un pequeño mundo de elementos muy heterogéneos. Cuando salía a hacer sus gestiones,

> su larga zancada devoraba los espacios
> urbanos sin desfallecimiento. Vencía
> los espacios, se tragaba las aceras,
> se zambullía en los horizontes. Ver a
> Rita Arquer cabalgar por las Ramplas,
> a lomos de su propio esfuerzo, era pen-
> sar en la existencia de un duende apo-
> calíptico capaz de reducir distancias,
> de suprimir kilómetros, de hacer sencillo
> el acoso de las esquinas y de la gente.
> Rita Arquer no se paraba ni un instante;
> escaparates, vehículos o peatones no te-
> nían para ella realidad. En aquellos
> momentos era la mujer fuerte del Evan-
> gelio, ardida como un vendaval.[37]

Ordinariamente nadie reparaba en ella ni en sus actividades. Era una época en que cada cual tenía bastante con sus propios asuntos, pero si algún agente la consideraba sospechosa y la obligaba a identificarse, ella sacaba del bolso un rollo de papeles capaz de despistar al más avisado. En efecto se había hecho con toda clase de documentos falsos y los guardaba para las ocasiones comprometidas. Tenía carnets de la Organización de mujeres antifascistas, del Partido socialista catalán, de los Amigos de Rusia, del Bloque Obrero y Campesino, y Dios sabe cuantos más se había procurado.

---

36 Ibidem, p. 70.
37 Ibidem, p. 71.

Pero un día alguien dió un soplo sobre aquella casa y aquel piso habitado por gente extraña y los agentes de la CNT se presentaron allí. Cayeron por sorpresa. Uno de los acogidos a aquel triste refugio, un tal
don Licinio, era catedrático de la universidad de Valencia y había sido diputado republicano. Ahora era espía
franquista vacante.

Los otros le consideraban pez gordo y aquel día se
lo llevaron preso, no sin antes amenazar a Rita y a doña Evelina. Los otros moradores pudieron ocultarse por
esta vez, pero era visto que aquel lugar, de allí en
adelante, estaba condenado y sería objeto de estrecha
vigilancia. Se sospechaba mucho de aquella casa y con
seguridad se llevaría control de las personas que en-
traban en ella o de ella salían. Los agentes la visi-
tarían en el futuro. Rita,percatada de todo esto y haciendo gala del dinamismo que la distingue, fue buscando acomodo para todos sus pupilos con la urgencia que
el caso requería. Los colocó entre amigos, conocidos
o familiares, todos ellos completamente confiables.
Aquella turba de cavernícolas, al salir a la calle, sintió haber perdido el estilo de caminar y la costumbre
de ver gente. La mayoría llevaba meses de encierro sin
ver a otros mortales que a sus mismos compañeros.

Algunos meses después es a la propia Rita a quien
se llevan los milicianos. Se le va a seguir juicio con
otros detenidos entre los que está Matías Palá, al que
dejamos difunto en las páginas anteriores, y al tal don
Licinio. El proceso de esta mujer resulta ser muy entretenido porque contesta siempre haciendo alarde de
desenfado verbal desafiante, irónico y a veces sarcás-
tico. Cuando le tocó el turno de ser interrogada,

> se irguió larguirucha y angulosa en
> mitad de la sala, como si desafiara a
> las figuras históricas en los plafones
> y en los medallones del techo. Su na-
> riz aguileña, parecía poner un acento
> circunflejo en el aire dormido de la
> tarde, moderando la luz. El proceso
> adquirió durante este interrogatorio
> algunos destellos. Así por ejemplo
> nada más dicha la filiación de la pro-
> cesada, ésta subraya cada uno de los
> apartados de su filiación con preci-
> siones concretas. "Natural de Barcelo-
> na... y ella añadía: "en la Bajada de

Santa Eulalia." - "Nacida el 13 de diciembre de 1887."; y ella decía: "Justamente el día de Santa Lucía." El presidente tuvo que llamarle la atención.[38]

Las sesiones del interrogatorio duraron días enteros, lo mismo que las de los otros acusados y durante este proceso el juez tuvo que ordenarle varias veces que midiera sus palabras porque en ocasiones sus dichos producían escándalos entre el público. Hubo veces en que algunos elementos de los que observaban quisieron agredirla y tuvo que ser protegida por los guardias. Al fin de todo el proceso, la mayoría de ellos fue condenada a muerte, incluso dos mujeres, pero Rita Arquer salió con cadena perpetua.

Llevada a la cárcel de mujeres, se vió obligada a hacer su vida de reclusa entre una variadísima sociedad femenina confinada a aquel lugar por muy diferentes motivos. Las había criminales quienes habían dado muerte al esposo o amante en un rapto de pasión y ahora tenían numerosas historias de amor para contar que parecían verdaderas novelas románticas. Otras habían cometido otros delitos; unas pocas estaban allí por razones políticas como la propia Rita Arquer, pero la mayor parcela de la comunidad de reclusas la formaba la de las prostitutas, las lesbianas y desviadas eróticas. Agustí hace un recuento de estas mujeres, que guarda cierta relación con la de Galdós el describir el reformatorio de las Micaelas de Madrid y de su división entre Filomenas y Josefinas, especialmente en los tipos que componen el primer grupo.

Con perfectos rasgos naturalistas describe Agustí la vida y pormenores de estas compañeras obligadas de la puritana Rita Arquer:

> Había mujeres con facha de alcahueta y algunas de ellas que ejercían esta inclinación en la misma cárcel. Tomándola por una de las otras, una de ellas propuso a Rita Arquer conectarla con una mujer "muy dulce y muy cariñosa, que la haría feliz en aquellas horas tristes." Rita Arquer la fulminó con una mirada con la que un juez justiciero

---

38 Ibidem, p. 323.

hubiera podido recluirla otra vez. Había algunas alcohólicas que se hacían
llevar de tapadillo botellas de vino
o licor, y que algunas veces caminaban
por el patio dando tumbos o chillaban
desaforadamente en sus celdas, sin dejar dormir a las otras. Al día siguiente se las veía macilentas, despeinadas,
con los pelos que caían en mechones
lacios hacia las mejillas, con los ojos
extraviados, como imágenes impuras de
la degradación. Había también una mujer
que paseaba siempre sola y con una gran
dignidad, de la que le habían dicho que
era comadrona. Había sido encarcelada
por haber practicado trescientos veintitrés abortos comprobados en la ciudad
de Zaragoza, durante el período de diez
años en que ejerció la profesión de comadrona. La que se lo contaba a Rita
Arquer era una prostituta de Talavera de
la Reina. "Hasta entonces nadie había
sabido que en Zaragoza se practicara el
coito con tanta asiduidad. Fue ella la
que lo supo y puso en claro."[39]

La vigilancia dentro de la cárcel era extrema y el
trato cruel. Las carceleras por la noche sacaban a
unas cuantas y les caían a palos. Algunas quedaban con
cicatrices para toda su vida. Rita también fue apalea-
da varias veces por una carcelera, la más cruel de todas, alta "como un pararrayos" y mala como un Caín, a
quien todas llamaban la Jirafa. Rita en estas ocasiones se encogía, apretaba los dientes y no profería que-
ja alguna.

Con todos estos castigos y la amenaza de muchos
otros jamás pudieron evitar en ella dos cosas que ponían
en vilo a las guardianas. La primera es que esta adus-
ta mujer se hacía con las noticias frescas de cada día,
de como iba la campaña, de los avances del ejército nacional, de la cercanía a Barcelona de las tropas de
Franco y otros muchos detalles de importancia y sin que
nadie supiese de que medios se valía.

Ella se las arregló y puso en juego todas sus ar-
tes de lenguaje, mezcladas con sobornos, amenazas o

---

39   Ibidem, pp. 378-79.

promesas a cumplir en un futuro casi tangible, a cambio de esta sustanciosa información, que sostenía la
moral de todas, incluyendo a las prostitutas, las cuales, sin saber mucho de política, creían que un cambio
las favorecía.

La segunda cosa es que nadie era capaz de taparle
la boca. Aunque la baldasen a palos y le rompiesen las
costillas ella hablaría. A veces se paraba en medio
de la cárcel o del patio y soltaba a voz en grito y en
tono anatemateizante de profeta apocalíptico toda suerte de amenazas que ponían en vilo a aquellos esbirros.
Remachaba sus peroratas con las represalias de los días
que se acercaban.

Rita Arquer era el periódico parlante más autori-
zado de toda la prisión, que daba a todas, día a día,
el parte de guerra con el número de muertos y heridos,
aviones derribados y prisioneros habidos. A manera que
se aproximaban los nacionales a Barcelona, Rita se con-
vertía en más irreprimible y a la vez las carceleras se
hacían más condescendientes y aún afables. La Jirafa,
su torturadora, había llegado a convertirse en tan
"dulce como un tarro de miel". Pero la Arquer, ahora
sarcástica, mostraba no perdonarla y la hería constantemente con sus frases:

> Hay quien cree que las fascistas no ten-
> dremos memoria. ¡Ja, ja! Las fascistas
> tendremos más memoria que un elefente.
> Treinta y seis cardenales tengo yo en la
> espalda, treinta y seis cardenales que
> pagará quien me los hizo. Cuando entren
> los nuestros seguiremos la táctica del
> "ojo por ojo", como los antiguos persas.
> No tendremos piedad...[40]

Sin embargo no era ella un espíritu vengativo. Sus
intenciones no iban más allá de querer ablandar un poco a aquellas guardianas crueles, metiéndoles el miedo
en el cuerpo y predisponiéndolas para que les abriesen
las puertas e irse de aquel lugar detestable. Y, en
verdad,sus peroratas resultaron eficaces, contundentes.
Las noticias alarmantes de que las tropas de Franco me-
rodeaban las proximidades, vinieron en su apoyo. Una
noche, cuando ya se veían las fogatas del ejército na-

---

40   Ibidem, p. 457.

cionalista en las colinas circundantes, aquellas mujeres adustas como las montañas de Montserrat, rectilineas
e incompasivas, curtidas en la ruda labor de mantener a
raya, a fuerza de latigazos, a aquella población de reclusas, unas procedentes de la chusma y otras no, supieron que el jefe de la prisión se preparaba para escapar
y ellas enliaron silenciosamente sus ajuares e hicieron
lo propio. Entonces se supo que la Jirafa era la amante del director del presidio y esta pareja fue la última en salir.

Al llegar las cosas a este punto, Rita Arquer, con-
templando la confusión, el caos que se estaba armando
al quedar la tal penitenciaría sin ley ni roque, decidió asumir el mando como quien da un golpe de estado.
Se hizo con las llaves de la cárcel que habían quedado
en manos de la portera, una anciana reclusa de muchos
años y confiable, y después de meditar un momento, op-
tó por fugarse y dar la libertad a las otras presas políticas, pero se negó a hacer lo mismo con las otras.
Ellas estaban allí por haber cometido delitos y no simplemente por una ideología. Poner en la calle de sope-
tón a una manada tal de asesinas, morfinómanas, prostitutas y lesbianas era un caso riguroso de conciencia.
Y allí las dejó a todas vociferando y maldiciendo.

En estos pasajes es en donde Agustí logra un mayor
acercamiento a la imparcialidad que trata de asumir, no
siempre con mucho éxito. En primer lugar es de notar
que se sigue juicio formal a los acusados. Hay una causa judicial con tribunal, juez, testigos, abogados e interrogatorios. Aunque todo ello sea una mera farsa, se
siguen al menos las formalidades y ello es muy diferente de la imagen tan divulgada de asesinatos sin proceso
alguno, ocurridos siempre en la zona republicana. Por
desgracia la realidad es que estos asesinatos ocurrían
en ambas zonas con demasiada frecuencia.

En segundo lugar también existió la creencia de
que en la zona republicana, los criminales más vulgares
habían sido puestos en libertad y las prostitutas eran
buenas aliadas de los partidos de izquierdas y gozaban
de reconocimiento y simpatía. Ellas podían despotricar
contra las derechas y las instituciones sociales tradi-
cionales, como la familia y la religión, en las plazas
públicas y en plena calle. Además eran la fiel compa-
ñera del miliciano. Entre ellas y el licor sostenían
la moral de aquel valiente soldado del pueblo. Este
cuadro, incluso sacado a luz por los escritores que hi-

cieron la campaña del lado de la república, es bien diferente del que nos ofrece el novelista en la Barcelona
republicana. Aquí todavía se castiga el crimen y el
vicio antisocial y degradante.

* * *

El último personaje de la trilogía de heroes agus-
tinianos anónimos que hemos escogido es Nicolás Borradá, individuo de unos sesenta años, enfermo cardíaco y
con otros achaques, abogado de profesión, hombre rico,
inteligente, disciplinado, trabajador, excelente diplo-
mático y entregado en cuerpo y alma a la causa socialista a la que sirve con un celo y un coraje ejemplares.

Las mujeres habían desaparecido de su vida en los
lejanos años de su juventud; el bufete estaba cerrado
desde años atrás. Sus días, hora a hora y minuto a minuto, se los consumía por entero la política. El credo
revolucionario que se había forjado fue producto de una
lenta evolución. Primero creyó en el valor natural e
innato de las masas; el hombre del pueblo, el proleta-
rio, llevaba en sí los valores para convertirse en poder político, se decía. Luego creyó que ese mismo pueblo, simplemente por ser pueblo, no reunía las condiciones para el poder político. Era una masa informe e ignorante. Se hacía necesario pulirla, perfeccionarla,
educarla. Ultimamente llegó a la conclusión de que la
guerra es la mejor cátedra humanizadora y creativa. Se
decía:

> Con la guerra el hombre del pueblo ha
> aprendido la filosofía política indis-
> pensable para convertirle en un hombre
> social...................................
> ....
> Ni Negrín, ni yo, ni Azaña, ni Pietro,
> ninguno de nosotros podrá equipararse
> al hombre nuevo que saldrá de las trin-
> cheras; que está saliendo ya..........
> ....
> Ese hombre nuevo será capaz de hacer
> cosas que nosotros no pudimos hacer; o
> que no nos atrevimos a hacer; se atre-
> verá a hacer puentes, centrales elec-
> tricas, embalses; se atreverá a hacer
> la reforma agraria, se atreverá a su-

primir la propiedad, a suprimir las pre-
rrogativas de la Iglesia; a decretar que
el amor es libre entre los seres humanos
libres; la mujer tendrá los mismos derechos que el hombre, incluso el de pro-
crear a su antojo.[41]

Esta era su filosofía personal, la cual parece tener reminiscencias de la filosofía de Nietzsche. Su con-
sagración a la causa era decidida, filantrópica, total,
apostólica. La guerra para él era un elemento sagrado,
algo que había que hacer a perfección y ganarla por necesidad. Ella era la verdadera esperanza y a la vez la
única para hacer de una España enferma, plagada de in-
justicias y de pobreza, otra nueva mucho mejor sin cla-
ses ni diferencias sociales. Al principio creyó, como
casi todos, que la guerra sería cosa de unas semanas.
Luego, al ver que los meses pasaban y el embrollo era
cada vez mayor, que los nacionales estaban ocupando ex-
tensas zonas de la geografía española, pensó que aquellas pequeñas victorias no suponían nada, que la última palabra estaba en la suerte de una gran batalla de
grandes contingentes. Ella decidiría la campaña.

A pesar de vivir para el partido, de multiplicar-
se para obtener el fin deseado por todos sus correligio-
narios, del interés que en todo ello se tomaba, no quiso ocupar ningún cargo en el gobierno ni asumir puestos
en el partido, ni tampoco percibir salario alguno. Era
un auténtico heroe anónimo.

Estaba enfermo y acabado pero ello no fue óbice para que se lanzase a París, a Londres y a Bruselas, haciendo acoplo de sus cualidades diplomáticas, con el objeto de "torcer la voluntad movediza de los diplomáti-
cos" y ganarlos para su causa y a la vez comprar armas
y aviones. Cuando estaba en España sus viajes, a Madrid
primero y luego a Valencia, eran muy frecuentes. En estas capitales participaba en las decisiones importantes
de la guerra. Negrín era su jefe y amigo. Creía firme-
mente que ese doctor Negrín era la clave para salvar a
España. Era, se decía, inteligente y progresista por
una parte y por la otra no tenía escrúpulos para romper
con la tradición que estancó a España.

Con este presidente y algunos jefes militares ayu-

---

41 Ibidem, p. 461.

dó a planear las batallas que todos creían decisivas,
la del Ebro por ejemplo, a la que él mismo, después de
concebir los planes en el mayor secreto, se encargó de
hacerle campaña favorable en la prensa internacional y
de que los políticos de las potencias vecinas la mira-
sen como ave de buen aguero.

Y cuando tiene lugar la batalla tan cacareada,
allá va nuestro hombre a presenciar, loco de arrebato,
el curso de las operaciones. Al principio la victoria
parece inclinarse del lado de los republicanos y esto
le hace rejuvenecer. Luego las cosas empiezan a torcer-
se y la duda le nubla el corazón. Al ver a su amigo
Ronald, el inglés, tomar el fusil e ir a primera fila
decidido a morir si era preciso, intenta hacer lo mismo y solo la prohibición tajante y enérgica del mando
supremo de las operaciones le hace desistir.

Al día siguiente,de regreso a Barcelona y emocionalmente desvencijado por el cansancio, el presentimien-
to de la derrota y la pérdida irreparable de su amigo,
el inglés, que perdió la vida luchando en las avanza-
das de aquel frente, decide suicidarse. Sí, liquidarse,
desaparecer de la escena de la vida tras un par de tiros en las sienes, sin testigos, en la soledad de la
oficina, hubiese sido para él el camino más acertado y
más dulce.

La eternidad, la vida de más allá de la tumba, para él no existía y su muerte aniquilaría sus desgracias
terrenas, única realidad reconocible. Pero algo le detiene. No es exactamente un acto de cobardía sino el
compromiso de fidelidad al partido. El suicidio de un
cabecilla sembraría la desmoralización entre los cama-
radas en el momento en que los ánimos estaban más de-
caídos. Ello acortaría los días que faltaban para la
derrota final. Y, quien sabe, acaso la suerte se vira-
ba y ganaban la guerra ellos. Allí en su oficina se
guardaban papeles secretos, testimonio escrito de tra-
tados confidenciales que él había llevado a cabo con
los gobiernos de las potencias demócratas europeas. Él
era el único testimonio superviviente de otros muchos
hechos y lances ocurridos durante la campaña.

Borradá en esta ocasión decretó seguir viviendo
hasta el final. Trató de poner en orden sus pensamientos, levantar la moral, recuperar el espíritu que poco
antes le animaba y trabajar de nuevo con todo el empeño. Pero las semanas se suceden como una cadena de

tristes presagios para la república. La tragedia final
se acercaba. Él la palpaba pero quiso resistir hasta
ese momento.

El día en que las tropas de Franco entraron en la
Ciudad Condal, vió Borradá a los altos funcionarios,
sus colegas, despedirse llenos de temor y desaparecer
individualmente por las arterias que conducen a la frontera. "Adiós Borradá. Mañana por la tarde en el hotel
París de Perpiñán.", le decían y él a todos contestaba
que sí, pero estaba bien seguro de que ese mañana no
llegaría jamás para él. Su compromiso con el partido
se había terminado. La guerra estaba perdida. Todo había fracasado. Para más los indicios de una guerra mucho mayor provocada por los fascistas internacionales,
eran abrumadores. El nerviosismo bélico había salido
de España por las fronteras y se había espetado en el
corazón de Europa. La segunda guerra mundial pronto es-
tallaría y ¿también la perderían los comunistas y socialistas?

A manera que avanzaba la mañana se acercaban los
clamores de gente extraña. Eran los soldados nacionales que marchaban cargados de patriotismo y borrachos
de alegría triunfal. Sus uniformes de campaña estaban
sucios y rotos, las barbas crecidas y su aire era el de
veteranos curtidos en infinidad de batallas. Sonaban
los clarines y se oía el paso seco de miles de botas militares, paso regular y marcial, y el sonido metálico
de fusiles, ametralladoras y máquinas de guerra, ahora
en pacífico reposo.

Los compañeros de Borradá llevaban todo lo de valor que pudieron hallar y era portable... dinero, oro,
alhajas... no importa a quien había pertenecido. Él
era de un alto standard moral y su conciencia no le permitía hacer eso.

Pasan los momentos y en la calle se hace incontenible la marea humana de guerreros y pueblo, todos unidos y mezclados. Y al llegar este momento Borradá

no quiso saber más. La mañana estaba ente-
ramente levantada. De un momento a otro
los soldados podían entrar en aquel edificio. Era hora de apresurarse. Sintió
que un largo y profundo dolor en el pecho
le impedía casi respirar. Pero no podía
exponerse a que la angina de pecho, como

otras veces, lo dejara tan sólo mal-
parado. Palpó en su bolsillo el bulto
férreo de la culata de una pistola. Se
acercó a la gran mesa presidencial y
se sentó en ella, no detrás. "Para que
no se desfigure la cara." Pensó en eso
antes dellevar hasta ella el cañón de
la pistola. Fuera se oían ya, distin-
tos, claros, los gritos de los que pasaban. Él no llevó la pistola a la
sien, sino que metió su cañón por la
boca, apuntando hacia arriba. Aún oyó
que gritaban: "¡Viva Franco!.." en el
exterior. Apretó el gatillo y todo de-
sapareció en torno.

* * *

Otra criatura que también se nos antoja galdosiana
es la de Blanca, la enfermera sobrina de Matías Palá.
Su personalidad se proyecta como una silueta distorsio-
nada por la guerra y por las circunstancias cronológi-
cas de una época anormal y muy diferente. Pero, a pesar
de todo ello, hay en este personaje un remedo, intencio-
nal o no, de Fortunata, la excelente y celebrada creación de Galdós. Por supuesto esta última es pobre, ruda, tosca, ignorante y vive los días del Madrid apaci-
ble de finales de siglo. La de Agustí se mantiene en
los linderos de la clase media que se codea con los de
la alta, es inteligente, educada, agradable y vive en
pleno siglo XX y en el curso de una guerra atroz.

No obstante, a pesar de estas diferencias, ambas
mujeres son jóvenes, dotadas de una belleza física no
muy común, de un natural bueno, honesto y honrado. Las
dos luchan a brazo partido por mantener sus altos ideales y lograr sus metas morales. Sin embargo ambas terminan siendo víctimas de un destino aciago que las persigue con insistencia y las obliga a cambiar constantemente de planes y tácticas, hasta terminar rindiéndolas
en la lucha porfiada que han sostenido. Al fin aceptan
hasta el fin de sus días lo que el sino les depara:
prostituta, esposa infiel, liada con un hombre casado,
la una; amante de un bandolero la otra.

---

42 Ibidem, p. 466.

Es una fuerza misteriosa divorciada del libre albe-
drio humano, un sino fatal, romántico, el que gobierna
sus vidas y hace estallar en pedazos sus voluntades fe-
rreas, destroza sus mejores sentimientos y marchita sus
ansias de honradez. Y al mencionar a Blanca se nos hace imprescindible incluir en el mismo grupo a Máximo,
el miliciano, pues también este individuo es guiado por
los mismos resortes misteriosos, ultranaturales, contra
los cuales poco o nada puede la voluntad. Es víctima
a quien el destino le niega llevar a cabo los más nobles propósitos de regeneración; víctima además de una
sociedad que le abandona totalmente desde la cuna hasta la sepultura.

Por otra parte los nombres de Blanca y Máximo corren inseparablemente unidos para formar con los sucesos de sus vidas una conmovedora historia ejemplar al
estilo cervantino si no fuese por el realismo abrumador
que la anima y por su fin trágico, que le divorcia de
las conclusiones placenteras preferidas por el Manco de
Lepanto. Esta novelita tan finamente incrustada en el
armazón de la pieza global, proporciona un elemento más
y uno de los más relevantes dentro de la variedad exqui-
ta de Guerra civil.

Blanca Maravall no tiene en esta novela un histo-
rial anterior a la guerra. Nace, como muchos otros personajes, hecha y derecha. Nace adulta y sin cuentos de
biberón, tios, pañales y escuelas. Es blanca no sólo
de nombre sino también de carnes y éstas se nos dice
que eran finas y bien formadas. Sus ojos eran azules
y su mirada directa y ligeramente provocativa.

El único familiar que se le conoce es su tío Matías Palá, a quien hace tiempo nos vimos obligados a
despachar. Ella quiere a su tío pero no se preocupa
tanto por él ni lo menciona tanto como él a ella. Su labor profesional de enfermera la ejerce con verdadero celo de causa en los hospitales de campaña donde cree que
pueden ser más provechosos sus servicios. Su ideología
es la de derechas. Por esa razón huyó de la Barcelona
republicana en los primeros días del movimiento y se pasó en compañía de un doctor llamado Foz hacia quien empezaba a sentir apego amoroso. Cuando éste cayó en las
filas nacionales, su muerte le afectó mucho.

Estuvo en Teruel, la ciudad martir, en el hospital
militar cuando la ciudad era de los nacionales. Y cuando, tras porfiada lucha, la ciudad pasa a manos republi-

canas allí queda atrapada y hecha prisionera. En ese momento empieza su odisea trágica. Fue llevada con los demás prisioneros a un puesto donde se les tomaba la filiación y luego se los recluía en un lugar bajo la vigilancia de milicianos , mientras se disponía un tren que los llevase a pudrirse en las cárceles de Barcelona. Una vez más es de advertir que siempre el punto de partida o el de destino es Barcelona. Todos salen de allí o van hacia allí. Barcelona es el centro geográfico de la novela.

Máximo García Expósito a quien el autor nos presenta en las primeras páginas pero cuya vida nos oculta casi hasta el final de la novela, nació en Lorca, un pueblo de la provincia de Murcia. Vió la luz primera en una casa de prostitución de la que su madre era la encargada. Sin padre y poco vigilado por la madre, se escapaba con frecuencia de la vieja institución para asistir de matute a las corridas de toros de pueblos a veces no muy cercanos. Iba en compañía de otros pilluelos de la calle. En esos días los toros eran su pasión. Después de presenciar una corrida ensayaba con los compañeros. Permitamos que él mismo siga explicando los pormenores de su vida.

> Perico el Sarnoso y yo nos íbamos a torear desnudos a Pegalajar, donde había un cortijo. A Perico le aplastó un toro. Luego me pusieron a guardar ganado. Me moría de hambre, maté un cordero y huí. Hice el viaje de Murcia a Valencia en los topes de un tren. La cantidad de hambre que pasé en aquel tiempo fue inmensa.....................
> ....
> no empecé a ser hombre hasta que entré en contacto con los "pringados". Ése sí era un grupo bueno. Y al hombre que más he admirado en mi vida ha sido al Roquete. ¡Qué gran tío aquel!.............
> ....
> Aquellos años sí que fueron buenos. A pesar del peligro, a pesar de tener uno que esconderse siempre y de ir sorteando a la bofia, mi tiempo con los "pringados" no lo cambio por nada. Éramos cinco o seis, muy unidos, presididos por el Millás, un tío que los tenía bien puestos. Le mataron en Barcelona en los

84

sucesos de mayo. Entre ellos estaba el
Roquete. Asaltamos un banco y una vez
nos cargamos a uno de la compañía de
tranvias. Nos juzgaron y agarrotaron
al Roquete. Nunca he visto que un tío
muriera con aquella entereza[43]

Los "pringados" había sido un grupo de anarcosin-
dicalistas, cuyos extractos más bajos se habían convertido en facinerosos corrientes y ladrones. Máximo tram-
peó la situación como pudo cuando estos grupos quedaron
deshechos. Al empezar la guerra le encontramos de miliciano de la CNT. Fue al frente de Aragón y aprendió a
leer en una escuela del partido durante la guerra. Fue
su maestro, ¡extraño caso!, un húngaro paternalísimo y
profundamente comunista que había participado en la revolución rusa de 1917. Cuando ocurrieron los sucesos
que relatamos Máximo era el miliciano encargado de tomar la filiación de los prisioneros entre los que se
encontraba Blanca Maravall.

Desde el primer momento en que esta mujer se paró
delante de él para darle su nombre y otros datos exigi-
dos a los prisioneros, quedó prendado de ella. Blanca
por su parte parecía corresponder, acaso involuntaria-
mente, con su mirada fija como de complicidad. Todos
estos infortunados son llevados al tren destinado a
Barcelona y Máximo va a cargo del convoy, se instala en
el mismo vagón y al lado de la joven.

Después de muchos meses de frente sin contacto con
ninguna mujer, venía sintiendo gran desazón. Se sentía
impelido a lanzarse a cualquier hembra, fuese quien fuese, para sacudirse de encima aquel nerviosismo. Pero
ahora desde que vió a Blanca ya no pensó en ninguna
otra. Había en ella, además de la hermosura, algo que
le atraía de una manera diferente. Estaba tocado de un
amor incipiente pero avasallador.

Un día se le declaró y ella sonrió con un gesto
que parecía de burla, pero difícil de interpretar. Al
fin le dice, casi sin sospechar lo que estas palabras
significaban: "¿Te atreverías a dejarlo todo por mí sola? ¿Serías capaz hasta... hasta de desertar?" Máximo
no contestó con palabras sino con gestos. Hizo una cruz
con sus dedos y los llevó a la boca para besarlos como

---

43 Ibidem, p. 405.

una especie de juramento. Después de un rato de silencio le dijo:

> Te juro que huiría donde tú quisieras,
> chata. Te juro que conmigo estarías
> segura. Todo esto te juro..........
> ....
> Y al día siguiente volvió a insistir.
> -¡Si tú confiaras en mi!...Con eso
> bastaría. Nadie se enteraría de dón-
> de estamos y nadie nos podría encon-
> trar nunca más. Mira que conozco muy
> bien este país. Aquí no me pilla na-
> die, ¿lo oyes? Conozco cada pueblo,
> cada sujeto, cada masía. Nos basta con
> tener un mulo y un fusil. Tú a la
> grupa, como las mujeres de antes; y lo
> demás de mi cuenta...Ella ya segura de
> la pasión del otro, empezaba a recelar.
> -Mira que no soy mujer de esas que se
> van al monte porque sí- decía siguien-
> do su lenguaje. -Para echarme al monte
> necesito yo estar muy segura. ¿Y cómo
> iba yo a estar segura contigo? -Yo te
> lo diré. Tú lo verás. Ahora duerme
> tranquila. Y levantó el embozo de la
> manta, hasta acabar de cubrirla.[44]

El tren era lento y además, por razones relacionadas con los complicados planes de guerra, tenía que hacer frecuentes paradas y a veces detenerse días enteros en estaciones secundarias. Blanca, obligada como
los demás prisioneros a la encerrona de un vagón incó-
modo y apretujada, dormitaba frecuentemente en su banco. Máximo procuraba estar siempre a su lado y "observaba entonces con pasmo recóndito el balanceo tranquilo
de su busto y sentía que se le encendía la sangre." En
una ocasión ella le pregunta que miraba. "Te miro a
ti. Miro el trozo de cuerpo que tienes y que un día de
estos voy a hacer mio, lo quieras o no. ¿No te has en-
terado de que aquí soy yo el que manda?" y luego en-
cerrándose en sí, pensó en el hastío que ya le estaba
causando la guerra.

En efecto la frustración y el desencanto empezaban a suplantar al entusiasmo primerizo. Nunca sus
ideales habían sido muy definidos ni muy nobles. Po-

---

44 Ibidem, p. 114.

dríase decir que esperaba de la guerra poco más que una aventura atrayente como otras de su vida. Pensó luego que aquella mujer no había hecho nada malo, que era inocente, ¿por qué entregarla a las autoridades que la iban a martirizar en una cárcel? Así fue acariciando el plan de una huída con ella. Se volvió seriamente a ella y le dijo:

> Oye, enfermera, mira lo que te digo.
> Si te llevo a Barcelona de allí no te
> saca nadie, ¿me entiendes? Ahora, es-
> cucha bien. Si me sigues, tendrás la
> libertad y una vida regalada, me oyes?
> Mañana te explicaré lo que estoy ba-
> rruntando. Ahora duerme; no quiero
> que nadie me oiga y vaya a sospechar -
> y puso su índice sobre la boca de ella,
> que le miraba con los ojos muy abier-
> tos, en la oscuridad, intentando desen-
> trañar lo que él quería decirle-. Ca-
> lla, calla. No digas nada. Palabra
> de anarquista que nos vamos a salvar-
> y se retiró cautelosamente.[45]

Al día siguiente ya había madurado completamente su plan de fuga y se dirije a ella con estas palabras amenazadoras y tajantes:

> Mira enfermera... He resuelto echar el
> resto y te voy a llevar conmigo. Toma
> este papel. Es un documento que encar-
> gué me hicieran para una compañera que
> tenía, la Cucharas, pero eso se acabó.
> Ahora mi compañera vas a ser tú, ¿lo
> oyes? Tú vas a llamarte ahora Consola-
> ción Hurtado y vamos a dejar a todos es-
> tos y nos vamos a ir tú y yo a dónde yo
> me sé. No tienes que hacer más que se-
> guirme, pero sin chistar, ¿de acuerdo?
> Al menor gemido te parto el alma con es-
> te cuchillo, ¿entendido? - y le mostró
> una fina y aguda llama plateada. Ni una
> palabra a nadie. Hoy mismo vamos a
> huir.[46]

---

45 Ibidem, p. 115.
46 Ibidem, p. 116.

Blanca no sabía que hacer pero estaba desesperada. La guerra la había acostumbrado a toda clase de lances y debía tomar las cosas de la manera que vinieran. Pero se preguntaba quien era aquel hombre, ¿un criminal o un hombre de bien? Si le seguía, el panorama se ofrecía tétrico... unida a un hombre desconocido, oculta en cuevas de los montes como salvajes, viviendo del robo y eternamente perseguida por los de un bando y por los del otro.

Por otra parte, si no aceptaba la propuesta, el primer paso era deshacerse de él, de este hombre que a veces le parecía un criminal y otras un ángel, unas un loco y otras un dios. Al fin no era más que un animal metido en cuerpo bonito, concluyó pensando. Deshacerse de él no era faena sencilla. Si lograba esto, la segunda parte sería consumirse lentamente en las cárceles de Barcelona, sufrir a caso a otros Máximos más crueles y Dios sabía la suerte final. Pensaba todos estos puntos con suma preocupación pero no con el desmayo y atolondramiento que el lector se inclina a suponer en una mujer tan sola y en tales circunstancias. Se había hecho mujer para todo. Concibe al fin un plan taimado. Se aprovecharía de aquel hombre; sacaría de él el mejor partido que pudiera y luego en la primera ocasión huiría camino de la libertad añorada.

Siguiendo las direcciones de Máximo se trasladó a otro vagón que estaba sólo en una via muerta. Se acurrucó en una esquina y se quedó dormida bajo una manta. Cuando despertó el miliciano estaba acostado a su lado. El idilio se consumó brutalmente por parte del varón y con una oposición mínima por parte de la hembra, quien terminó sintiendo a la vez enorme repugnancia y enorme complacencia. Luego, mientras se arreglaba el pelo, al salir de debajo de la manta, terminó por odiarlo. Ella dió un chillido frenético y él la amenazó con un cuchillo que siempre tenía a mano.

Era noche cerrada y Máximo se asomó a la puerta amplia del vagón, que era de los de mercancias o de ganado. Observó la via y el movimiento del tren arrastrado por una locomotora cuyo destino no sabía. Se movía un poco más ligero que el tren anterior. Los prisioneros habían quedado sin guardia en el otro tren con dirección a Barcelona. Ya era un desertor consumado.

Blanca aprovechó este momento para darle un fuerte empujón y arrojarlo a la vía. El otro, a pesar de su

musculatura, perdió el equilibrio y cayó al exterior
con el fusil y sin la manta que había quedado enrolla-
da dentro. Lo primero que hizo al verse perdido en
aquellos lugares fue tratar de orientarse y luego se di-
rigió al monte. Haría la vida que le era familiar. Pero se sentía rojo de ira. A manera que el tren se ale-
jaba en la oscuridad de la noche sentía ansias enormes
de vengarse, de exterminar a aquella mujer que le había
llevado al fracaso más grande de toda su vida.

Blanca, desolada, hundida, y al mismo tiempo satisfecha de haber logrado la primera victoria, prosigue sola en aquel vagón. Lo que le alarmaba era la incógnita
del destino. Estaba tan desorientada que no sabía si
iba hacia el norte o hacia el sur. No tenía noción de
en que parte de España se encontraba. Y antes de nada
se preguntaba ¿cómo salir de allí?

El tren se detuvo en la estación de un pequeño pueblo. Se bajó con toda naturalidad y nadie reparó en
ella. Empezó a vagar por las callejuelas sin saber a
donde encaminar sus pasos, ni siquiera sabía el nombre
del pueblo. Además no tenía ni un centavo en el bolsillo. Vió al fin en un letrero de carretera el nombre
del pueblo, nombre que jamás había oído antes. Se llamaba Tarne. Fue a una posada humilde en la que el posadero, después de ver su documentación de miltante de la
CNT con el nombre de Consolación Hurtado, le dió habitación y comida. Pero ella no las tenía todas consigo
por no tener con que pagar estos servicios. Decidió
ir al dueño y explicarle una historia que de súbito se
le ocurrió.

> Me encuentro en una situación apurada.
> Un hombre me ha traido hasta aquí, pero
> luego me ha abandonado a mi suerte. De
> modo que no llevo dinero y no sé ni don-
> de estoy ni a dónde voy. Necesito por
> lo menos un día o dos para orientarme.
> Por eso he pedido aposento aquí. ¿Pue-
> de usted fiarme por un par de días?
> Como usted ve soy enfermera. ¿Hay hos-
> pital en esta localidad?[47]

No le agradó la declaración de la huesped y ella
se le ofreció a pagarle con su trabajo. El dueño no

---

47 Ibidem, p. 127.

tenía ninguna ocupación que ofrecerle. Le indicó donde estaba el hospital y allá se fue. Tardaron dos días en aceptarla y mientras tanto el posadero, quien le había confiado que tenía a su esposa enferma desde hacía años, se le presenta una noche en la habitación, la cual no tenía llave. Aquel hombre ya maduro había sido bondadoso con ella pero ahora se sienta al lado de ella, ebrio de pasión, sobándole los senos, mientras ella protestaba por lo bajo y lloraba tratando de cubrir la cabeza. Al fin el hombre se fue pero ella vio como su vida, sin quererlo, se iba convirtiendo en la de una mujer de la calle, de una perdida, juguete de los hombres.

Una mañana vino el recado de que estaba admitida de enfermera en aquel hospital. Era zona republicana, naturalmente, y el hospital era pequeño como correspondía al pueblo pero muy bien cuidado. Estaba dedicado a los heridos y convalecientes de los miembros de las Brigadas Internacionales, valientes soldados y voluntarios, de fuerte ideología comunista y socialista que habían venido a España de infinidad de naciones a luchar por implantar el régimen que creían salvaría al mundo.

Como el nombre indica procedían de muchas naciones. Los había franceses, ingleses, rusos, polacos, americanos y de muchos otros países. Por esta razón las enfermeras para este lugar eran muy escogidas. Debían hablar más de una lengua y tener una cultura un poco superior a las otras de su profesión. Blanca hablaba inglés y francés y esto le abrió las puertas, pero siempre tenía que aparecer camuflada bajo el nombre de la tal Hurtado y aparecer como militante del partido de la CNT. De todos modos las cosas no le iban mal.

Pronto hizo amistad con un inglés, el antes mencionado como gran amigo de Borradá. Se llamaba este individuo Ronald Howes y era profesor de lenguas clásicas en el Trinity College de Cambridge. Elemento de ideales socialistas y enemigo mortal del fascismo, romántico activo a lo Byron, vino a parar a España en aquella lucha tan acariciada por aventureros. Era miembro de las Brigadas Internacionales y allí estaba recuperándose de heridas que le dejaron una pierna enclenque en el frente de Brunete. Blanca le habló en inglés y ello le proporcionó la satisfacción de expresarse de nuevo en su lengua.

Ronald nunca había pensado en unirse permanentemente a una mujer en matrimonio tradicional. Era solterón

pero se conservaba buen mozo. Cuando empezó a tratar
a Blanca consideró de nuevo su posición ante el matrimonio y notó que de repente estaba cambiando su filosofía. En efecto aquella mujer tenía algo especial que
le atraía de una manera única. Cuando salió de aquella
institución para tomar las armas de nuevo, iba decidido
a volver y llevársela para casarse con ella al acabar
la guerra. Encargó a Borradá de que vigilase la suerte
de aquella mujer y la guardasen para él. El amor llamaba a sus puertas con tanta violencia como la causa del
partido que le había traido a España.

Blanca se sentía relativamente satisfecha en aquel
lugar. No estaba en su bando, pero las compañeras eran
buenas y los heridos amables y respetuosos. Estaba libre del frío que pasó en el frente, de los bombardeos,
del ruido de los tanques y del alarido conmovedor de
los destrozados por la metralla. No había el ajetreo
de los hospitales de campaña que exigían una constante
sumisión al dolor y a la urgencia. También había olvi-
dado los lances siniestros con el miliciano.

Máximo logró descubrir un grupo indescriptiblemen-
te heterogéneo de escapados, acogidos a la protección
de la maleza de las montañas. Se unió a ellos sin mencionar su filiación. Eran unos veinte individuos que lo
único que tenían en común era el miedo a los rojos. Había un sacerdote todavía fiel a su vocación, unos seminaristas, algunos de los cuales habían perdido totalmente sus sentimientos religiosos, tres italianos que habían luchado en la batalla de Guadalajara y otros individuos de identidad muy variada pero más pusilánimes
que los anteriores. Máximo pronto se convirtió en el
cabecilla de todos ellos y sus órdenes se acataban puntualmente. Se mantenían asaltando caseríos de las cercanías y transeuntes desprevenidos.

Las tropas nacionales pronto entraron en aquella
zona y el grupo quedó muy reducido pues el sacerdote
volvió a su parroquia y otros de los pueblos vecinos
también regresaron a sus casas. Solamente quedaron los
italianos, dos seminaristas y Máximo. La ciudad de Tarne, si así se le puede llamar, también había pasado a
manos nacionales y Blanca seguía en el mismo hospital
con las mismas compañeras y algunos de los viejos ocu-
pantes de las Brigadas que el ejército franquista había
tratado liberalmente. A la enfermera le bastó simplemente identificarse con su nombre verdadero y contar lo
ocurrido para que le permitiesen seguir en la misma fun-

ción. Pero Máximo no había dejado de recordarla constantemente con el doble sentimiento de venganza y amor.
Supo que ella estaba en aquel lugar por algunos de las
Brigadas que se unieron a ellos. Decide raptarla una
noche. El plan era muy arriesgado pero él siempre había sido temerario y hombre para todo.

Antes había mandado emisarios con una trampa bien
preparada. Dos de los nuevamente llegados de las Brigadas, eran los más adecuados para tal misión. Conocían el hospital porque habían estado en él y también a
la enfermera. La trampa se presentó en una forma de
invitación a huir para unirse a Ronald que había venido y estaba oculto esperándola para llevársela a su
país. "Decid a Ronald, les contestó secamente, que no
puedo ir con él. Que le deseo mucha suerte, pero que
vuelva con los suyos. Su camino y el mio no pueden encontrarse."48

Indignado al ver que el camuflaje no había surtido
efecto, Máximo se va en persona la noche siguiente al
hospital en un caballo que había robado. Deja la caba-
llería atada a un poste de la luz en las cercanías. Era
en pleno verano y, aprovechando el calor que obligaba a
tener puertas y ventanas abiertas en el hospital y a la
paz que reinaba en aquel lugar, mantenido casi sin vigilancia, logra internarse hasta que la descubre. Un en-
fermero intentó defenderla pero el antiguo miliciano lo
derribó al suelo en medio de un charco de sangre. Con
la misma navaja teñida en sangre fresca la amenaza a
ella.

Al fin,presa de pánico, no tuvo más remedio que
seguirle. Él la ató fuertemente al caballo y le puso
un pañuelo en la boca para que no chillara. Al amanecer ya estaban en el monte, entre el bando de hombres
que de mala gana respetaban los derechos de Máximo a
aquella hembra. Pero si alguno se propasaba tenía que
entendérselas con él y todos le temían. Ella se mantu-
vo atada varios días pero se recuperó del pánico. Al
fin estaba entrenada para hacer frente a toda clase de
situaciones difíciles.

A pesar de la vigilancia de Máximo, Blanca no podía librarse totalmente de que los otros del grupo la
manoseasen y sobasen, entre ellos un seminarista, un
italiano y Stefan, el croata. Este último era un eunu-

---

48 Ibidem, p. 200.

co y ninguna pasión sexual le movía sino el deseo de ganársela para el partido. Para este fin empezó hablándole mal de Máximo pero éste le propinó una cuchillada mortal un día en que, tras una discusión, trató de sacar la pistola para él.

Blanca cifraba en los treinta y cinco años y en aquella serie de acontecimientos inesperados por los que su vida iba discurriendo, se sentía algunas veces una perdida, una mujer del arroyo que ya no tenía remedio. No se explicaba como la madeja de su vida había llegado a enredarse de aquella manera siniestra, vulgar, horrible. ¿Que dios o demonio era el encargado de manipular los ocultos resortes de su destino? Otras veces empezaba a sentir un apego misterioso hacia aquel hombre que tanto daño le había hecho. Hasta cierto punto se reprochaba haber sido cómplice suyo. Mucho antes de la guerra, cuando era una muchacha casadera, rechazó las fórmulas del amor tradicional y no quiso casarse. También había renunciado al amor ficticio de ser amante de un burgués. Lo único que en realidad sintió con fuerza intensa fue lo del Dr. Foz. Con él sí se hubiera casado aunque este médico nunca reveló que estuviese enamorado de ella.

La bandada merodeaba las masías y robaba para subsistir. A veces cuando era suficiente, solamente exigían los alimentos necesarios y algunos moradores de la comarca se los proporcionaban de buen grado y nada ocurría. En realidad no todos aquellos pueblerinos de las cercanías se quejaban de ellos. Algunos les apoyaban secretamente. Pero la Guardia Civil,que había recibido muchas quejas, los perseguía constantemente. A todo lo largo de las escaramuzas habidas entre ellos y los guardias, hasta la muerte de Máximo, cuatro agentes del orden había caído. Cuando el grupo quedó reducido a un italiano, Máximo y Blanca, se refugiaron en el campanario de una ermita solitaria de un monte, cuyo sacerdote regente resultó apoyarlos por fines caritativos y espirituales. Un día allí se entabla un tiroteo entre ellos y los guardias. Máximo logra huir y el italiano y Blanca son capturados, aquel gravemente herido y ella en estado de varios meses.

A este lance siguieron los pormenores que en otra parte detallamos. Fue llevada al pueblo vecino de Mora de Rubielos, provincia de Teruel, en donde la Sección Femenina de la Falange le prestó asistencia y la ayudó física y moralmente.

Máximo siguió sólo en el monte estrechamente perseguido, pero los guardias nunca tuvieron éxito contra él. Era un individuo que, además de ser valiente, tenía habilidades para aquella clase de vida y conocía palmo a palmo el terreno. Echaba mucho de menos a la hembra a la que ahora amaba fieramente. Entretanto la antigua enfermera allá en el pueblo

> estaba avergonzada. No podía confiar
> a nadie que en el suceso había existi-
> do por su parte una escondida volición.
> En suma si ella no hubiera querido,
> aquello no se hubiera consumado........
> ....
> Blanca Maravall pensaba en todo ello y
> sabía que no estaba arrepentida de lo
> que había hecho. Su linea hacia este
> destino venía de atrás, muy de atrás.49

No había aceptado el matrimonio como correspondía a la sociedad en que vivía, ni había querido vivir de tapadillo, como una amante vulgar. Los contactos con Máximo, a pesar de las circunstancias, eran naturales, sin ficción ni convencionalismos, y ahora, si pensaba en él, "bajo sus formas brutales no podía dejar de descubrir una profunda verdad humana, una integridad varonil, algo que le hacia parecer un héroe o un mito." Y en cuanto al hijo le gustaba tener precisamente aquel hijo y no otro. Decía a una de la compañeras:

> No me gusta tener un hijo que se llame
> Pepito y que va a vivir en un piso,
> con sus tias y sus primitos, comiendo
> la sopa boba. Me gusta tener un hijo
> difícil, un hijo distinto, un hijo que
> desde el primer momento tendrá que es-
> tar atento al hecho de vivir. Ese hijo
> mio comprenderá desde el primer día que
> aquí no se regala nada...............
> ....
> Cuando haya nacido nos iremos al monte
> él y yo. Entonces le presentaré a su
> padre: "Hijo, he aquí a tu padre, un
> bandido, un criminal. Saltadeor de ca-
> minos, desvirgador de hembras, un ver-
> dadero punto... Llenó a tu madre a la

---

49 Ibidem, p. 49.

fuerza, pero ahora tu madre está encantada porque has nacido tú. Tú has de tomar venganza por ella de todas las malas cosas de esta vida.[50]

De todas las profesiones ninguna quería para su hijo más que la de bandido como su padre. Así solía decir ante la admiración de las compañeras. Cuando una le preguntó que pasaría si resultaba ser niña: "Si es niña la tiramos a un pozo -concluyó frunciendo las cejas con un gesto de histeria o de locura."[51]

Los guardias hicieron los últimos preparativos para hacerse con aquel bandido, vivo o muerto. Había pasado demasiado tiempo, cuatro guardias, entre ellos un sargento, habían sido muertos y ya era hora de poner fin a tanta tragedia. Preparan el plan de la ermita en colaboración con el sacerdote y con Blanca, quien iría a la romería. Llegado el día y una vez Blanca allí, Máximo se presenta disfrazado de romero o peregrino a la antigua, cantando viejas plegarias y logra de esta forma burlar a los guardias que, auque lo esperaban, no lo creían tan bien camuflado. En medio de la confusión de la gente se dirige a Blanca, le dice algo al oido y se van los dos. Al principio ella hace que se opone pero le sigue de buena gana. Llegado este momento es cuando los guardias se dan cuenta de la burla y esperan el disparo de los fuegos y la animación de la gente para perseguirle.

La pareja se oculta entre los árboles de las cercanias. Ambos estaban poseídos de una fuerte emoción. Él la mira, no como objeto sexual sino con infinita ternura, como el fin último de todo su amor, y ella se entrega a él totalmente, como que estaba desesperada por verle. Máximo le confiesa que llevaba contadas por su culpa las estrellas a millares. Que sin ella había perdido las ganas de vivir.

Blanca le habla del niño con emoción y el bandido le pregunta cómo es. Y luego agrega con inmensa pena, revelándose contra el destino, como Fortunata de Galdós, como don Álvaro de Rivas o Segismundo de Calderón: "¡Maldita sea! ¿Por qué no habré nacido hombre honrado? ¿Por qué no podrás ser mia y yo un hombre honrado? ¿Por qué? ¿Por qué?"[52]

---

50 Ibidem, p. 50
51 Ibidem, p. 339.
52 Ibidem, p. 401.

Concibe el plan de escaparse con ella a Francia
pero ambos reconocen que es imposible. Hay que salir
de allí, pasar el frente por dos partes y la frontera
está muy lejos. Cree que no hay más remedio que morir,
pero ella le consuela mientras se estrechan en un inmen-
so abrazo que termina en unión sexual. Luego cuando
ella se endereza la ropa

> como una ráfaga pasó por su mente la
> idea de la ineluctabilidad del desti-
> no, el modo como había sido atada sin
> querer a una serie de circunstancias
> que la tenían condenada, maldita...
> No había nada que hacer. Esta verdad
> se le hizo evidente como un exioma.
> Todo estaba escrito, era inútil querer
> volver atrás. No habrá marcha atrás
> posible; lo pasado le encadenaba a lo
> futuro. Estaba condenada a seguir por
> los caminos de aquel hombre, lo quisie-
> ra ella o no. Era inútil cualquier in-
> tento de liberación que intentara; pa-
> ra siempre su suerte era la de Máximo.[53]

A todo esto ella no sabía nada de la historia de
aquel hombre. Ahora sí lo amaba abiertamente porque
el destino lo había querido así, pero ya era hora de
saber algo de él y se lo pregunta: "Dime hombre, ¿de
dónde eres? ¿Dónde naciste?" Y él es aquí cuando le explica su nacimiento en la casa de prostitución y los
pormenores de su vida como hemos explicado.

Ella le tenía cogido del brazo y le contemplaba
extasiada mientras escuchaba su historia. Era una es-
tampa de amor mutuo, tierno, más sincero que nunca. Pero los guardias que los rodeaban y observaban, aprove-
chan el momento en que explota la primera traca para
hacerle un disparo certero que le hace enliarse bañado
en sangre, mientras profiere lleno de rabia "Me ha dado. Ese cabrón me ha dado". Blanca entonces que quedaba libre para unirse a los guardias y regresar al pueblo, sin más temor a aquel criminal, cuya vida estaba
acabando allí mismo, decide entosicada de amor hacia
el moribundo y de odio hacia el que disparó, hacer uso
del fusil de Máximo. Y apunta a la cabeza del sargento, pero éste al observar la maniobra le dispara certe-
ramente y su cuerpo cae rodando para morir abrazada a

---

53 Ibidem, pp. 403-404.

a su compañero.

Esta es una de las escenas más emocionantes, trágicas y vivas de todo el libro. Es indudablemente realista, tocada de lo tremendista de Cela en <u>Pascual Duarte</u>, pero hay un sino romántico que persigue a estos seres y les hace imposible toda regeneración. Acaso el novelista ha exagerado lo que podía pasar como perfectamente real y le ha dado el tinte personal de romanticismo con mezcla de paisaje agreste, lugar religioso, un romero peregrino anacrónico....

A pesar de todo es una historia verosímil, emocionante y de una atracción encantadora. Ofrece lección de vida que nos lleva a pensar, sino a la conclusión, de que no todo en la vida del hombre puede ser planeado por él. La voluntad más indómita, la lucha más titánica por perseguir ideales, con frecuencia está supeditada y de una manera avasalladora a un destino fatal, inesperado, y las fuerzas humanas no son suficientes para deshacerse de él. Es la eterna historia de Romeo y Julieta, de los amantes de Teruel, de don Alvaro, de Fortunata y de Máximo y Blanca... con variantes, pero la misma en sustancia.

De mucho menos interés y también más ideal que realista es la historia del puertorriqueño que por su afición al juego pierde las propiedades que tenía en su isla y que había ido amasando lentamente como fruto de un gran esfuerzo. Cuando se ve privado de la esposa y con la pérdida total de haberes, a consecuencia de los juegos de azahar, decide marcharse a España, en donde no tenía familia ni conocía a nadie. Se determina a vivir en un lugar agreste, libre de todo contacto con la civilización.

Construyó su choza y las trampas para la caza. De eso vive allí, en la soledad de la montaña donde pasa años sin ver un alma. La guerra que se desliza por allí avasalladora, sembrando la destrucción, le pone al descubierto y vuelve a ver hombres, soldados heridos, movimiento de batallas. Al imponerse la paz momentánea de entre una batalla y la siguiente, puede charlar y comer con algunos oficiales que le visitan. Esta historia se nos antoja quijotesca, desauciada de la realidad y no muy bien traida, pero fundida, incrustada, diluida en la sustancia total de la historia de la guerra, pasa inadvertida. El peso y trascendencia humana de otras historias y acontecimientos afortunadamente la eclipsan y ocultan lo que tiene de inadecuada.

* * *

Se suele achacar al grupo de novelistas de la guerra, del que Agustí forma parte, dos defectos que hemos
mencionado al principio de este estudio, es a saber, la
descripción abigarrada de detalles a la manera de la novela de principios de siglo, influenciada por el naturalismo, cuyas formas se agotaron décadas atrás, y en
segundo lugar, la carencia de explicaciones de por qué
y para qué se hace la guerra. No creo que sea tarea
difícil salvar a Agustí en esta novela de estos dos es-
collos, especialmente del segundo.

Por lo que toca al primero, la acumulación de detalles descriptivos que paralizan la acción, es de notar
que tales pasajes son muy escasos en esta pieza y los
pocos que se encuentran suelen ocurrir hacia el final
de la obra. Los hay de dos tipos, es a saber, unos que
revisten un carácter informativo, en parte histórico y
en parte conjetural, pero yo diría que siempre interel-
sante al lector que lee con calma y espíritu analítico.
Un ejemplo de descripciones de este tipo lo hallamos
cuando el autor nos relata la última acampada de las
tropas nacionales antes de entrar en Barcelona. En las
proximidades hay un templo románico y Agustí hace historia sobre el mismo:

> Habían acampado en las proximidades de
> Santa Creu d´Olorde. El templo romá-
> nico era un vestigio de aquel medieva-
> lismo religioso que asentaba en el mon-
> te ermitas y cenobios que eran marcas
> de la fe y que estaban a cargo de unos
> frailes, mitad eremitas, mitad milita-
> res, que eran los vigías y adelantados
> de la comarca contra las incursiones
> sarracenas. En los tiempos en que la
> ermita fue construida, Barcelona estaba
> todavía muy lejos, era un centro urba-
> no insignificante, colocado a la vera
> del mar que bullía allí abajo. Barce-
> lona estaría entonces a merced de los
> piratas berberiscos que de vez en cuan-
> do arremetían contra sus fortalezas
> para llevarse como botín algunos arco-

nes repletos de doblones o la palpitan-
te y asustadiza juventud de sus muchachas, que irían a parar a las alcobas
de algún rico mercader de Fez o de Ar-
gel y se harían viejas en la falsa mo-
licie de algún harén de Estambul o de
Damasco.[54]

Otras descripciones son meramente poéticas y destinadas a añadir consistencia emotiva y lírica a los
tristes hechos narrados. Se nos cuenta por ejemplo, el
fusilamiento de algunos prisioneros por los republicanos que huyen a Francia en carabanas de camiones ante
la inminente entrada de los nacionales en la Ciudad Condal. Unos cuantos disparos de fusil y ráfagas de ametralladora ponen fin a aquellas vidas. Los cadáveres
quedan tendidos a orillas de la carretera y la caravana
sigue su rumbo apresurado e incierto. Los hombres no
se conmueven pero la naturaleza circundante, testigo mu-
do de los hechos, parece misteriosamente estremecida por
las brutalidades de los humanos:

> las olas del mar tenían en cada recodo
> una forma distinta. Unas eran altas,
> rollizas y descargaban su peso de es-
> puma contra la arena con un movimiento
> lento, con una respiración pausada. Se
> formaban lentamente muy lejos e iban
> avanzando con un regodeo profundo.
> Otras parecían que se formasen en la
> misma playa con los residuos de las
> que acababan de estallar. Se levanta-
> ban en un instante y rompían ágilmente
> en unos segundos, haciendo vibrar su
> carga de estrellas líquidas. Unas y
> otras ponían su ribete blanco en la ne-
> blina triste de aquel día. El agua se
> extendía de un extremo al otro del ho-
> rizonte con una indiferencia gris. De
> vez en cuando cruzaba este panorama la
> cal de unos edificios, la punta de un
> campanario, la silueta de un pueblo lla-
> no, como adormecido.[55]

En mi opinión habrá en tal exceso descriptivo de-

---

54 Ibidem, p. 447.
55 Ibidem, p. 472.

fecto o no, de acuerdo con los gustos y sensibilidad del lector, pero, de todos modos será mínimo por ser muy contados los casos en que ocurren tales descripciones y por la armonía que guardan con el relato del que forman parte.

En cuanto al segundo punto, la explicación de por qué se produce la guerra y qué se espera de ella, me parece haber encontrado respuestas adecuadas a lo largo de toda la novela. Es una explicación múltiple que recoge las filosofías de cada facción y analiza además hasta cierto punto, las conjeturas señaladas por la historia y puestas en juego desde mucho antes. Si analizamos y atamos cabos aquí y allá veremos que se barajan muy hábilmente las ideas claves que explican como venía latiendo España secularmente desde mucho antes dela guerra y, al producirse ésta, por qué lucha cada cual y que ocurre al inaugurarse la paz.

Las raices de la guerra hay que buscarlas en tiempos muy anteriores, en siglos atrás. La tierra cultivable de España era escasa y su riqueza productible muy limitada. Una parcela de terreno produce en muchas regiones de América cinco veces más trigo que en España una del mismo tamaño. A esto hay que sumar el mal reparto de la tierra. Ya a finales del siglo XVIII, más del cincuenta por ciento de la tierra cultivable pertenecía a los nobles,los cuales estaban agrupados en diversas dignidades, con unos cien "grandes de España", quinientos treinta y cinco "títulos", miles de caballeros pertenecientes a las órdenes militares y cientos de miles de hidalgos.

Algunos de estos hidalgos es cierto que eran pobres pero entre los primeros los había de tantos posibles que solamente tres de ellos, los duques de Osuna, Alba y Medinaceli, eran casi los dueños de toda Andalucía. La Iglesia poseía otro dieciseis por ciento de la tierra cultivable, dejando en manos del campesino que era el que la cultivaba toda, sólo el treinta por ciento. Esto significa que la inmensa mayoría de los trabajadores agrícolas eran jornaleros y cultivaban la tierra de otros con pocas ventajas para ellos y muchas para el dueño. El rico iba acumulando privilegios y sobre el pobre recaían fuertes impuestos aún sobre artículos de primera necesidad como el pan y el vino. La industria era pobre porque España prefería comprar en los mercados de Europa y pagar con el oro de América que fabricar. Una gran parte de las minas estaba explotada por magnates alemanes e ingleses y el beneficio principal era para ellos.

El pobre vivía resignado por fe y tradición y sentía el orgullo de las grandes catedrales que se iban construyendo; jamás se alzaba contra el rico o la Iglesia a los que respetaba y acataba sus órdenes sumisamente. Y este estado de cosas ha persistido en España de una manera excepcional casi hasta los comienzos de la guerra novelada.

Por el segundo cuarto de este siglo las ideas comunistas y socialistas se infiltran en grandes sectores del pueblo llano. Como consecuencia se producen serios desórdenes contra la propiedad privada de los ricos y contra la Iglesia. Se queman iglesias impunemente, se asesina sin castigo y se violan las leyes sin que el gobierno quiera ni pueda hacer nada por impedirlo. Esto lleva a la guerra que inician los de derechas para poner las cosas en orden y defender sus intereses. De todos modos si ellos no la iniciasen lo harían los de izquierdas a base de revoluciones sangrientas, supresión del ejército y de la Iglesia, expropiación de la tierra de los ricos e implantación del comunismo, o al menos de un socialismo radical.

En las trayectorias de la novela se observa una especie de acuerdo tácito con la situación que dejamos explicada o al menos se la supone consistentemente. Y ello induce a la campaña. En ella los dirigentes de izquierdas, luchan y se sacrifican hasta el holocausto de sus vidas por un fin noble, es a saber, por más igualdad, mejor distribución de las riquezas y educación para todos. Esta es la filosofía de Borradá y la del inglés Howes, quien discurre con frecuencia sobre la historia funesta de España casi en los mismos puntos que acabamos de tratar.

Los de derechas, conscientes de lo que se ventila, quieren recuperar sus negocios y propiedades, poner orden, defender la tradición y la Iglesia, pero abogan por reformas sustanciales que conducirían a una igualdad mayor y eliminación de los privilegios de los ricos. Esta es la filosofía de Carlos Rius, Llovet, el capitán fraile, Matías Palá y muchos otros.

Volviendo al inglés Ronald, hoy en día resulta irónico que Agustí haya creado este personaje revolucionario de tono tan extremadamente redentor, cuando en su propio país, a pesar de ser la primera nación europea que lleva a cabo una revolución económica y social (1640-1690) y de convertirse con ello en el primer Welfare State, en los tiempos que corren sólo un escandaloso diez por ciento de la población es la dueña del sesenta por ciento de la riqueza nacional, quedando el cuarenta restante a dividir entre el noventa por ciento del pueblo inglés menos afortunado. Mejor hubiera empezado la redención en su propia casa que creía haber dejado muy justamente arreglada. Pero perdónesenos la digresión en honor a su oportunidad.

Y volviendo a tomar el hilo de nuestra historia diremos que hubo inevitablemente en uno y en otro bando un grupo de egoístas que sólo les interesaba su vida privada o las oportunidades que la guerra les deparase. Estos vivían al margen de las calamidades de la nación. Tal es el caso de Desiderio, de Crista Rius, el Marqués de Caramiñal y su hija Pepa entre otros.

Por último también abunda el elemento ignorante, aunque bien intencionado, que no llega a enterarse de cuáles son las raíces de la discordia ni de lo que allí se ventila. Tal es el caso de Máximo, el miliciano, y millares de soldados que hacen la campaña obligados y sin ideales concretos.

*   *   *

La guerra acaba y la paz toma cuerpo. Las cosas tienden a volver a su curso normal. Los ánimos quedan apaciguados pero las pérdidas de todo género son incontables y afectan a todos. Y a todo esto no parece haberse conseguido lo que se esperaba, al menos dentro de un tiempo previsible, en el plano novelístico. La injusticia social es menor, pero sigue y los que lucharon con ideales y esperanzas grandes se sienten frustrados al sobrevivir para ver la vitoria. Los sobrevivientes de la otra parte sufren el colapso de una derrota humillante y no pueden ocultar el odio que almacena su interior. Este es el balance de la campaña de UN MILLÓN DE MUERTOS, como Gironella quiso titular una de sus mejores novelas sobre esta misma contienda. Agustí así nos la dejó narrada, con exactitud y precisión, con realismo abrumador y escalofriante.

Si el autor hubiese continuado el ciclo novelesco

dedicando el volumen siguiente a los años cuarenta, sin duda hubiese apagado nuestra intriga por saber el paradero de la turba de escapados camino de la frontera. Nos sorprendería el relato de su vida y triste muerte en los campos de concentración de Francia y aún más nos horrorizaría el recuento del poco conocido fin de algunos de ellos en Auschwitz y en otros campos de aniquilación nazi, juntamente con los judios y gitanos de los países europeos.

Por otra parte también se nos explicaría que, aunque la campaña fue poco eficaz en obtener los logros esperados dentro de un futuro previsible, sí lo fue modestamente a largo plazo. En efecto la España de nuestra década ha podido ver el surgir de una extensa clase media con la afluencia que jamás conocieron sus mayores. ¿Se habría producido ésta sin la campaña recreada por Agustí o si la hubiesen ganado los que la perdieron?

Portland, agosto de 1980.

Bibliografía

Agustí, Ignacio, Mariona Rebull, Edit. Planeta, Barcelona, 1944.

Agustí, Ignacio, El viudo Rius, Edit. Planeta, Barcelona, 1945.

Agustí, Ignacio, Desiderio, Edit. Planeta, Barcelona, 1957.

Agustí, Ignacio, 19 de julio, Edit. Planeta, Barcelona, 1965.

Agustí, Ignacio, Guerra civil, Edit. Planeta, Barcelona, 1972.

Agustí, Ignacio, Ganas de hablar, Edit. Planeta, Barcelona, 1974.

Alborg, Juan Luís, Hora actual de la novela española, Edit. Taurus, Madrid, 1968.

Azorín, El escritor, Espasa-Calpe, Madrid, 1941.

Barea, Arturo, La forja de un rebelde, Losada, Buenos Aires, 1951.

Castillo Puche, J.L., Paralelo 40, Edit. Destino, Barcelona, 1963.

Del Río, Angel, Historia de la Literatura Española, Holt, Rinehart and Winston, New York, 1963.

Diccionario de la Literatura Española, Dirigido por Germán Bleiberg y Julián Marías, Revista de Occidente, Madrid, 1964.

Durant, Will and Ariel, The Story of Civilization, vol. XI, Simon and Schuster, New York, 1975.

Fernández de la Reguera, R., Cuerpo a tierra, Edit. Garbo, Barcelona, 1954.

Ferreras, J.I., Tendencias de la novela española actual 1931-1969, Edic. Hispanoamerica., París,70.

García Serrano, Rafael, La fiel infantería, Edit.
    Nacional, Madrid, 1942.

García-Viñó, M., Novela española de postguerra,
    Publicaciones Españolas, 1971, Temas Espa-
    ñoles, n° 521, Madrid.

Gironella, J.M., Los cipreses creen en Dios, Edit.
    Planeta, Barcelona, 1953.

Gironella, J.M., Un millón de muertos, Edit. Pla-
    neta, Barcelona, 1961.

Gironella, J.M., Ha estallado la paz, Edit. Plane-
    ta, Barcelona, 1966.

Gironella, J.M., Condenados a vivir, Edit. Plane-
    ta, Barcelona, 1972.

Gunther Dahms, Hellmuth, La Guerra Española de
    1936, traducida al español por Soriano Tre-
    nor, Edic. Rialp, Madrid, 1966.

Hutman, Norma L., Disproportionate Doom: Tragic
    Irony in the Spanish Post Civil War Novel.
    Modern Fiction Studies, 18, 1972.

Knapp Jones, W., Recent Novels of Spain 1936-
    1956. Hispania, XL, 1957, pp. 301-311.

Laforet, Carmen, Nada, Edit. Destino, Barcelona,
    1945.

Max Aub, Campo de sangre,"El laberinto mágico",
    III, Tezontle, México, 1945.

Max Aub, Campo abierto, "El laberinto mágico",
    II, Tezontle, México, 1951.

Max Aub, La calle Valverde, Xapala, Universidad
    Veracruzana, 1961.

Max Aub, Campo del Moro, "El laberinto mágico",
    V, Joaquín Mortiz, México, 1968

Montesinos, José F., Costumbrismo y novela, Edit.
    Castalia, Madrid, 1960.

Pérez Galdós, B., _Fortunata y Jacinta_, Edit.
    Hernando, Madrid, 1968.

Ponce de León, J.L.S., _La novela española de la
    guerra civil (1936-1939)_, Edit. Ínsula,
    Madrid, 1971

Senabre, R., _La novela del realismo crítico_,
    Eidós, Madrid, n° 34, 1971.

Singer, Isaac, _Literature is The Memory of Huma-
    nity_, U.S. News & World Report, November 6,
    1978, pp. 60-61.

Sobejano, Gonzalo, _Novela española de nuestro
    tiempo_, Edit. Prensa Española, Madrid, 1975.

Valbuena Prat, Ángel, _Historia de la Literatura
    Española_, Edit. Gili, Barcelona, 1963.